KB047961

정책학의 심층분석

정책학이란 무엇인가?

권기헌

DEEP ANALYSIS OF

Policy Science

정책학의 심층분석

박영사

Preface 저자서문

"나의 꿈, 정책학의 심층분석"

정책학은 1951년 라스웰H. Lasswell이 창시한 학문이다. 그것은 민주주의 정책학의 기치를 내걸고 제도와 절차를 갖춘 훌륭한 학문체계이지만, 필자가 느끼기에는 형이상학적 철학의 고찰이 결여된 것이었다. 앞선 졸저 『정책학의 심층이론』에서는 전통적 정책학에다가 이러한 정책철학의 상위 체계를 보완하고자 하였다면, 본서 『정책학의 심층분석』에서는 정책학의 인식론적 문제를 어떻게 분석과 접목시킬 것인가 하는 문제를 다루고자 한다.

돌이켜 보면, 정책분석가POLICY ANALYST라는 말이 내 마음에 꽂혔던 것은 대학원생 시절이었다. 그것을 처음 본 것은 아마 케네디 스쿨의 안내 책자BROCHURE에서 였을 것이다. "POLICY ANALYST IN PUBLIC POLICY 정책분석전문가" 국정과 사회에 존재하는 다양한 정책을 분석하는 최고의 기법과 실력을 갖춘 정책분석가를 양성함. 이 말이 내 마음 속 깊은 곳을 강타했다. 그 뒤로 정책분석이라는 단어는 내 인생의 화두가 되었다.

돌아보면, 미국의 케네디 스쿨은 계량을 매우 중시하는 분위기였다. 물론 Steve Kelman처럼 좋은 정부란 무엇인가와 같은 정책윤리의 대가도 있었고, 쿠바 미사일 위기를 정책결정모형으로 승화시킨 『결정의 본질Essence of Decision』의 저자 G. Allison과 같이 정치과정론을 중시하는 학자도 있었지만, 케네디 스쿨의 주류는 계량분석에 있었다.

하지만 미국으로 공부하러 갔던 가장 근원적 이유는 정책의 사상적 탐구에 있었고, 박사 논문에서도 국제체제의 구조, 국제관계의 본질 등 근원적 정치사상에 대한 연구가 바탕에 많이 깔려 있었다. 이러한 나의 개인적 취향으로 인해 정책학의 상위 구조인 인식론적 문제를 정책분석과 연결시키는 일은 매우 가슴 설레는 일이었다.

> 정책학의 근원적 명제는 무엇인가? 인간의 존엄성을 증진시키기 위한 새로운 정책모형은 무엇인가? 인간이란 대체 어떨 때 행복할 수 있으며, 인간에게 있어 근본적 가치란 무엇인가? 이러한 문제를 해결하는데 있어 동서양의 철학적 사상은 어떤 이야기를 해주고 있으며, 인간 정신에게 있어 근원적 가치란 무엇인가? 이를 정책분석에 어떻게 접목시킬 수 있을까? 말하자면, 이러한 질문들은 내가 교직 생활을 하면서 계속 가슴 속에 담아 두었던 학술적 수수께끼Academic puzzle였다.

세 가지 학술 흐름들

정책학이란 라스웰H. Lasswell에 의해 주창된 학문이다. 정책학을 처음 제창한 라스웰H. Lasswell의 논문, "The Policy Orientation"(1951)을 살펴보면, 정책학의 궁극적인 목적은 인간의 존엄성을 충실히 실현하는 것이다. 이러한 목적을 위하여 "인간이 사회 속에서 봉착하는 근본적인 문제", 즉 문명사적 갈등을 일으키는 문제, 시대사적 사회변동 또는 세계적 혁명추세, 체제질서 차원에서 일어나는 문제 등의 해결에 초점을 맞추어야 한다고 주장했다.

라스웰H. Lasswell은 이와 같은 중요한 문제를 해결하기 위해서는 정책과정과 정책내용이 통합된 형태의 정책지향성policy orientation의 완성이 필요하다고 강조했다. 따라서 정책학은 인간의 존엄성을 충실히 실현하기 위하여 체제질서 차원에서 일어나는 공공부문의 정책과정과 정책내용에 관한 지식을 문제지향적, 맥락지향적, 연합학문적으로 연구하는 학문이라고 정의할 수 있겠다.

정책학이론을 지탱하는 기반에는 세 가지 학술적 흐름school of thought이 있는데, 그것은 정치학적 흐름(권력구조, 정책결정, 정치과정), 경제학적 흐름(통계학, 미시경제학, 계량방법론), 그리고 철학적 흐름(인간의 존엄과 실천적 이성, 인문주의적 가치를 강조하는 정책 철학과 윤리)이다.[1)]

첫째, 정치학적 흐름은 정책의 구조기능론적인 측면과 연결된다. 정책이 발생하는 장소locus인 정부(크게는 행정, 입법, 사법을 총칭함)의 권력구조와 기능, 거버넌스, 그리고 정치과정론적인 측면을 주로 분석한다. 정책과정론, 권력구조, 정책결정모형 등으로 전개된다.

둘째, 경제학적 흐름은 정책의 분석방법론적인 측면과 연결된다. 통계학과 미시경제학, 정책의 비용과 편익, 규제의 강도, 정책대안의 선택을 위한 계량적 논리와 근거를 제공한다. 증거 기반 정책학, 정책분석론, 정책평가론 등으로 전개된다.

셋째, 철학적 흐름은 정책의 형이상학적 측면과 연결된다. 정책이 근본적으로 왜 존재해야 하는지에 대한 정책의 윤리적 근거와 인간의 존엄 및 실천적 이성을 토대로 한 철학적 기반을 제공한다. 정책학의 창시자, 라스웰H. Lasswell은 처음부터 인간의 존엄이라는 가치를 지고한 이념으로 강조했기에 가장 중요한 영역이며, 이는 다양한 형태의 정책철학과 윤리 혹은 정책이념 등으로 전개된다.

본서는 정책학이란 무엇인가라는 주제에 쉽게 다가가기 위해 위의 세 가지 흐름을 토대로 구성되었다. 먼저 경제학적 계량 흐름을 토대로 방법론적 분석에 대해 서술한다. 이어서 정치학적 흐름을 토대로 정책모형과 정책과정에 대한 분석에 대해 서술한다. 마지막으로 철학적 흐름을 토대로 정책의 형이상학적 측면, 그러니까 좋은 정책이란 무엇인가라는 주제를 이해하기 위한 다양한 인식론적 분석의 틀에 대해 서술한다.

정책분석가

방금 언급했듯이, 정책학의 흐름은 정치학적인 전통, 경제학적인 전통, 철학적인 전통 등 크게 세 부류의 관점에서 파악할 수 있다. 좋은 정부와 좋은 정책을 탐구하는 형이상학적 철학의 문제도 중요하겠지만, 그리고 정치과정의 관점에서 어떻게 정책이 결정되고 집행되는지에 대한 이해도 중요하겠지만, 결국 현실에서 좋은 정책이 채택되고 집행되려면 계량에 기초한 분석력을 갖추어야 한다.

말하자면, 국가와 사회에 존재하는 복잡하고도 사악한 문제들을 해결하기 위해, 그리고 이를 예산의 제약 하에 가장 우선순위가 높은 정책을 채택하려면 최고급 수준의 분석력을 갖추어야 한다. 그러므로 정책연구의 핵심은 분석이다. 더 나아가 분석은 사회과학에 있어서도 진리를 탐구하는데 있어 핵심적 역할을 한다.

그래서 본서의 첫 출발점은 분석이다. 무엇보다 정책분석의 논리와 핵심에 대해 파악해야 한다. 대학원생들이 정책문제를 분석함에 있어 핵심 기제는 무엇인가? 그것은 무엇보다도 학술적 화두ACADEMIC PUZZLE에 있었다. 학술적 화두ACADEMIC PUZZLE를 가지는 자는 끝까지 연구주제를 밝힐 수 있고, 그 학술적 고민은 열정으로 이어진다.

학문의 바다에서 진리를 건져 올려야 한다. 유독 내게 관심을 끄는 연구 문제는 무엇인가? 그것은 내 가슴을 뛰게 하는가? 왜 중요한가? 나는 그 문제 해결을 통해 사회와 국가에 어떤 기여를 할 것인가?

대학원생은 분석이라는 잣대를 통해 정책학에 다가갈 수 있다. 어떤 방법론이 필요할 것인가? 양적 접근과 질적 접근은 무엇인가? 철학과 인식론은 분석에 어떤 도움을 줄 수 있는가? 또한 국가와 사회를 바라보는 관점인 모형은 분석에 어떤 도움을 줄 수 있는가? 말하자면 이 책은 계량과 통계, 질적인 접근, 인식론적인 문제, 정책모형을 통한 분석, 고차원적인 전략적 접근 등을 함께 고찰함으로써 작게는 정책분석에 접근하고, 근본적으로는 정책학이라는 학문에 쉽게 다가가기 위해 집필되었다. 다양한 사례와 기법을 통한 분석의 노하우와 함께 고급 통계기법의 절차를 익히는 한편, 보다 질적인 접근과 차원 높은 전략적 고찰이란 무엇인지를 함께 논의해 보고자 한다.

정부가 걸어야 할 길은 무엇이며, 좋은 정책이란 무엇인가? 그 분석의 기준과 잣대는 무엇인가? 정부는 무엇을 위해 존재하고, 시민을 위해 어떤 정책을 설계하고 지원해야 하는가? 무엇보다 그것을 분석해 낼 수 있는 힘은 어디로부터 오는가?

거기에는 낮은 차원과 높은 차원의 해답이 있었으며, 높은 차원의 해결책을 실현하려면 고급 계량기법, 인식과 철학의 동원, 모형에 대한 철저한 이해, 더 나아가 고도의 전략적 판단을 위한 입체적 사고가 필요하다. 기법과 모형만으로는 다가갈 수 없고, 이념과 철학을 포함하여 높은 단계의 패러다임이 필요하다. 이 책자는 이러한 문제의식을 토대로 구성되었다.

Contents 차 례

제2부 정책학의 경제학적 접근

제3부 정책학의 정치학적 접근

제4부　정책학의 인식론적 접근

제6장
정책학의 인식론적 주제들 193

제7장
정책철학을 이용한 정책분석 201

제5부　결론 및 함의

제1부

정책학의 토대

DEEP ANALYSIS OF POLICY SCIENCE

1 정책분석의 논리

정책 분석分析이라는 낱말을 파자破字 형식으로 분해해 보면 "나누고 쪼갠다"는 의미를 지니고 있다. 나누고 쪼갬으로써 그 기준을 정하고 그 기준을 잣대로 대안들을 평가해서 최적을 찾는 것을 분석이라 한다.

정책학은 정부가 사회에서 발생한 문제들을 해결함에 있어서 창조적이고 최적인 대안을 찾는 학문이므로 정책 분석의 가장 중요한 관심사는 발생한 사회 문제의 근본 원인이 무엇인가를 찾아내는 데 있다. 그것을 우리는 독립변수 혹은 정책변수라고 한다. 이처럼 정책분석의 논리는 원인과 결과의 메커니즘을 밝히는 것, 즉 인과관계의 규명에 있다.

독립변수와 종속변수는 선형적 관계인가? 비선형적 관계인가? 한 개의 요인이 유독 강하게 나타나는가, 아니면 여러 개의 요인들이 상호 복합적으로 작용하는가? 그것은 심리적 요인인가, 구조적 요인인가, 환경적 요인인가? 그 중 정부가 개입하여 통제할 수 있는 요인은 무엇인가? 이처럼 과학적 탐구의 지식을 동원하여 가장 적합한 인과 구조를 밝혀내고자 하는 것이 정책분석의 논리이다.

과학적 탐구

J. Kingdon의 표현을 빌리자면, 사회에는 문제가 흐른다. 사회문제 중에서 국민의 삶에 중차대하게 영향을 미치는 문제는 정부의제, 즉 정책문제가 된다. 정치권이 모이고 국회가 열려 법안으로 가결되면 비로소 하나의 정책으로 탄생된다. 무엇이 현 시점에서 우리 사회를 강타하는 가장 중요하고도 근원적인 문제인가? 그것을 H. D. Lasswell은 근본문제 Fundamental Problem라고 불렀다. 정책학 혹은 정책분석은 이러한 근본문제를 찾고 그 해결책을 찾는 과정에서 창조적 정책대안을 제시하려고 하는 학문이다. 이에 과학적 근거가 필요하다. 임시방편의 솔루션이 아니라 근원적인 원인을 찾아 과학적이고도 체계적인 처방이 필요하기에 과학적인 근거를 제시해야 한다. 이를 과학적 탐구Scientific Inquiry라고 한다.

아래 그림을 한번 살펴보자. 정책분석에는 과학적 탐구가 중요하다. 사회는 문제가 흐르고 있는데 국민에 미치는 영향이 심각하고도 중대한 문제는 정책의제가 된다. 연구자는 그 중에서 자신의 관심을 끄는 문제를 연구하게 되는데 가장 자신의 가슴에 다가오는 문제를 학술적 화두로 삼는다. 그로 인해 미리 진행되었던 선행연구들도 찾아보고, 다양한 보고서나 견해를 청취하는 가운데 자신만의 가설을 세우게 된다. 가령, 강력한 리더십은 기술과 제도에 영향을 미치고, 이는 다시 조직 구성원의 태도와 문화에 영향을 미침으로써 조직혁신을 성공시킬 수 있다는 가설을 세웠다면, 이는 아래와 같이 Y=F(X1, X2, X3, X4, X5)의 함수인데, X1, X2, X3라는 독립변수들은 X4, X5라는 매개변수를 거쳐 Y라는 종속변수에 영향을 주게 된다는 연구모형으로 나타나게 된다. 이러한 이론적 모형은 경험적 혹은 통계적 검증을 위해 측정 가능한 변수로 표현되어야 하는데, 측정 가능한 변수들의 함수관계를 제시한 그림을 경험모형이라고 한다. 이는 다양한 방법론, 실험이나 통계적 방법론을 통해 검증되며 이를 통해 우리는 중요한 학술적 발견을 할 수 있는 것이다.

• 그림 1-1 정책분석과 과학탐구(Scientific Inquiry)

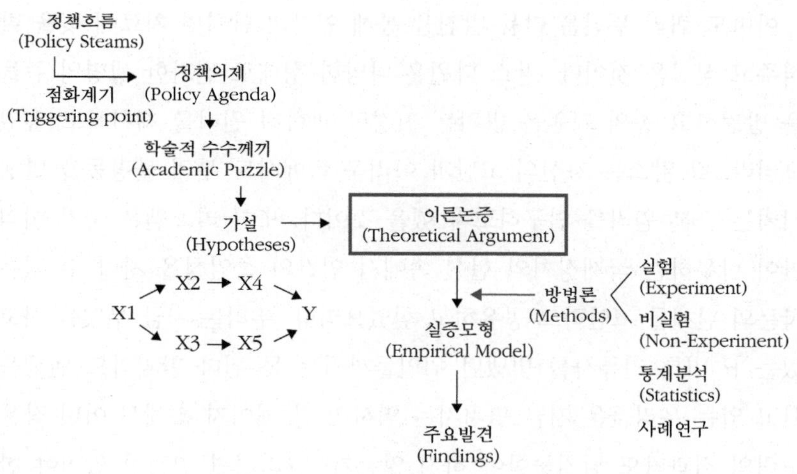

대학원과 과학적 탐구

대학원은 과학적 탐구를 하는 곳이다. 진리를 탐구하고 이를 깊이 있게 연구하여 사회에 내놓는 곳이다. 학부에서 기본 지식을 익혔다면 대학원에서는 이를 토대로 좀 더 깊이 파고 연구하여 우리 사회의 발전 방안을 제시하는 곳이다. 나는 왜 이 연구를 하는가? 이것은 우리 사회 혹은 정부에 어떤 도움이 되는가? 무엇보다 이 연구는 내 가슴을 뛰게 하는가를 자신에게 물어보아야 한다.

아마도 퀴리 부인은 라듐 발견을 통해 인간의 난치병 치료에 빛을 밝혀주고 싶었을 것이다. 찰스 다윈은 다양한 형태로 진화한 생명의 종들을 발견하고 종의 기원을 밝히는 진정한 과학적 원리를 제시하고 싶었으리라. 칼 맑스는 자신의 고난과 어려움 속에서도 부의 불평등을 발생시키는 근본 원리를 연구하고자 했을 것이다. 또한 라스웰은 국가 이익만이 난무하는 국제정치의 현실 속에서 인간의 존엄성을 지킬 수 있는 학문의 편제를 고안하고 공유하고 싶었으리라. 우리는 지금 무엇을 하고 있는가? 비록 인류사를 빛냈던 위인들까지는 못 된다 할지라도 인생을 살고 있는 우리들은 지금 펼쳐지는 역사의 한 페이지 속에서 어떤 작은 노력의 결과라도 남겨놓아야 하지 않는가? 그러려면 열정이 있어야 한다. 명분이 있어야 한다. 내가 행하는 일에 명분을 가지고 임해야 한다. 그래야 당당함이 나오고, 그 결과로서 좋은 작품이 탄생한다.

이 책은 이러한 대화법과 논리를 토대로 작성되었다. 대학원 제자들과 대화하듯이 그들의 고민과 방법론을 반영하면서 정책학의 문제와 연구 방법을 하나하나 풀어나가고자 한다. 대학원에서 다루어야 할 계량연구방법론과 사례들을 다시금 제시하면서 대학원생들의 정책연구를 성공으로 이끄는 방법론과 노하우, 그들의 스토리텔링을 담아보고자 한다.

2 인과관계의 규명

제1절 학술적 화두ACADEMIC PUZZLE

학술적 화두話頭란 무엇인가? ACADEMIC PUZZLE이란 무엇인가?

그것은 학술적 수수께끼이다. 수수께끼란 쉽게 풀리지 않는 연구 질문을 의미한다. 궁극적으로는 풀리게 되어있지만, 하지만 금방은 잘 풀리지 않는, 학문적 난제難題를 말한다.

지금 당신에게 학술적 화두話頭는 있는가? 있다면 무엇인가?

없다면 왜 없는가? 이걸 가지려면 어떻게 하면 되는가?

학술적 화두ACADEMIC PUZZLE는 열정이다. 풀리지 않는 의문이므로 열정이다. 가슴 속에 담아 두고 간절히 추구해야 할 그 무엇이므로 열정이다. 지금 그대에게는 이것이 필요하다. 맹목적이고도 기계적인 연구, 졸업을 위해 써야 하는 논문이 아니라 이것만은 꼭 하고 싶은, 꼭 풀고 싶은 열정이다. 그리하여 나의 존재감을 밝혀보고 이 사회에서 내가 기여하는

바를 당당하게 표현하고 싶은 그 무엇이 필요하다.

그대는 어떤 연구를 하고 싶은가?

가령, 다음과 같은 사례를 한번 살펴보기로 하자. 필자는 대학원에서 국제기구의 회원국들이 부담하는 재정분담금의 결정 원리와 그 의미에 대해 연구했다. 선행연구를 살펴보니, Olson & Zeckhauser라는 하버드 대학의 저명한 학자들이 공공재이론으로 설명하고 있었다. 국제기구에서 하는 일들은, 예컨대 세계안보의 유지, 지속적인 경제발전 등 공공재이므로, 그 성격상 비배제성과 비경합성이 발생하고, 따라서 무임승차 같은 현상이 발생한다는 논리였다. 따라서 경제규모가 큰 회원국일수록 비대칭적으로 많이 분담할 수밖에 없고, 작은 회원국들은 무임승차가 발생하게 된다는 설명이었다. 그들은 권위 있는 국제저널The Review of Economics and Statistics, Vol. 48, No. 3, 1966에 "An Economic Theory of Alliance"라는 공공재 이론과 함께 UN에서의 분담금을 토대로 경험적 근거를 제시하고 있었다.

여기서 우리는 다음과 같이 생각을 전개하면서 그것을 학술적 화두ACADEMIC PUZZLE로 삼아 볼 수 있다. 1960년대에 적용된 이론이 70년대와 80년에도 적용될 것인가? 그 경험적 근거는? 정말 국제기구의 산출물이 순수한 공공재적 성격만 가지고 있을 것인가? 또한, 그들은 UN에만 이론을 적용시켰다. OECD, NATO와 같은 국제기구에도 동일하게 적용될 것인가?

도서관에 가서 통계 등 관련 자료를 모으고 다양한 분석모형을 통해 검증한 결과 다음과 같은 사실이 발견되었다. 이러한 연구결과는 Journal of Public Policy(1996), Economics and Politics(1999)에 게재되었다.

- 1960년대 적용되던 경험적 결과는 1970년대와 80년대에 들어서면서 다른 결과를 나타내고 있다.
- 국제기구의 산출물은 순수 공공재라기보다는 사적인 인센티브에도 반응하는 집합재적인 성격을 띠고 있다.
- UN에서 드러난 경험적 결과는 다른 성격을 지닌 NATO나 OECD에는 달리 나타난다.
- 따라서 이러한 발견을 고려한 또 다른 형태의 "Economic Theory of Alliance"가 필요하다.

* 사례탐구: 국제기구 분담금에 관한 경험적 모형Journal of Public Policy, October 25, 1994

1) 학술적 화두ACADEMIC PUZZLE

Olson & Zeckhauser의 Collective Action Theory(집합행동이론)은 국가의 경제적 규모가 국제기구의 분담금을 결정한다고 본다. 그들은 '국제기구의 분담금을 왜 경제규모가 클수록 비대칭적으로 더 많이 낼까?' 라는 학술적 화두ACADEMIC PUZZLE를 공공재 이론Public good theory을 가지고 풀려고 했다. 즉, 국제기구의 산출물을 순수 공공재로 규정하고 소규모의 회원국은 무임승차를 한다고 설명한다.

단순 회귀모형을 통해 국제기구의 분담금을 설명하는 한편, 서구세력의 집합행동 논리를 설명하고 있기에 매우 영향력 높은 논문으로 평가받았지만, 이러한 이론은 1970년대와 80년대에 들어서면서 예측이 어긋나기 시작했다. 왜 그랬을까? 이것이 본 연구의 학술적 화두ACADEMIC PUZZLE이다.

2) 기술통계의 패턴들

지난 17년간(1970–1987) 각국의 실제 UN 분담금을 비교해보면 아래 <그림 2–1>과 같다.

• 그림 2-1 각국의 실제 UN 분담금(1970-1987)

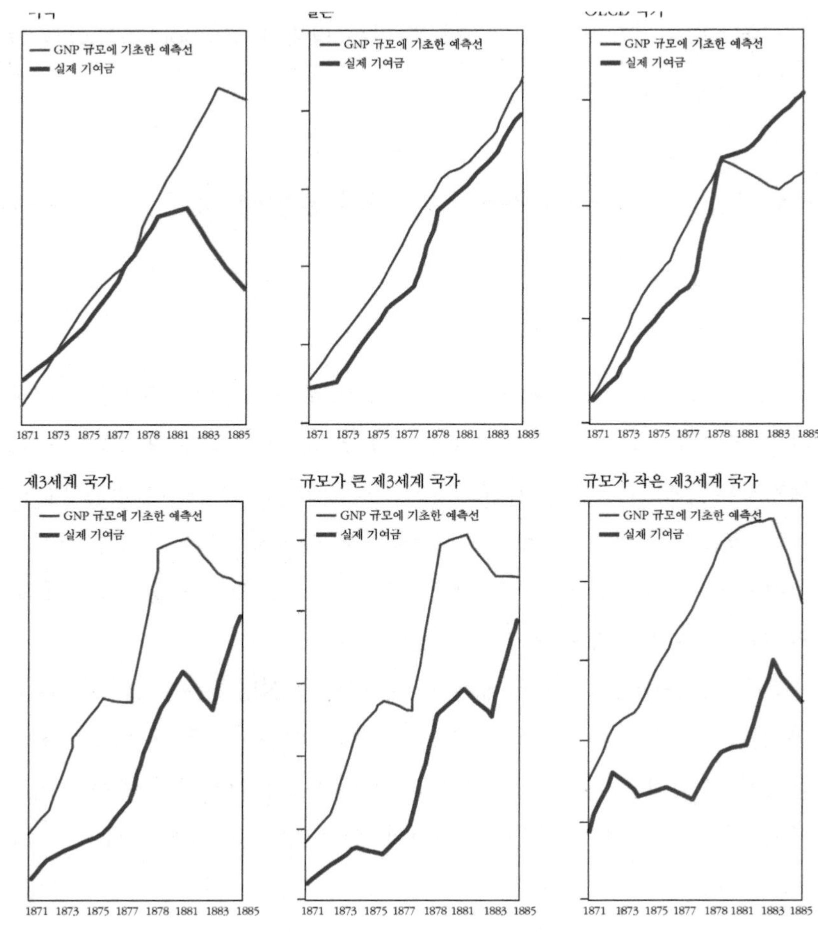

기술통계의 패턴들을 담은 이 그림들은 Olson & Zeckhauser의 집합행동이론 예측과는 다른 결과를 보여주고 있다. 가령, 미국을 살펴보면, 미국은 집합행동이론대로 1973년 이전에는 자신들의 기준치보다 더 많이 냈으나, 1973년 이후에는 덜 내고 1983년 이후부터는 급격히 감소하는 패턴을 보여주고 있다. 다른 G7이나 OECD국가들도 유사한 패턴을 보여준다. 한편, 집합행동이론에서는 제3세계의 국가들은 무임승차한다고 설명했으나 실제 통계치에서 그들의 분담금은 계속 증가하는 추세를 보이며 주요 제3세계 국가들은 이러한 패턴을 주도한 것으로 나타났다. 이는 Olson & Zeckhauser 이론 예측과는 정반대로 나타난 결과이다.

3) 왜 틀렸을까?

(1) 퇴락변수로 인한 오류(Omitted Variable Bias)

Olson과 Zeckhause 모형은 계량경제학적으로 다음과 같은 방정식이다. O－Z 모형은 경제규모가 큰 국가가 국제 조직으로부터 더 많은 이익을 취득하므로, 국가 경제적 규모를 GNP로 논하여 분담금과의 양의 상관성을 갖는다고 설명하고 있다. 이들의 단순회귀모형은 다음과 같다.

$$\text{Burden}-\text{sharing Ratio} = \beta_0 + \beta_1 \text{GNP}.$$

하지만 이러한 모형은 퇴락변수로 인한 오류를 안고 있는데, 이는 국내적 요소와 국제적 관계를 고려하지 않고 있기 때문이다. 따라서 논리적으로 더 합리적인 모형은 국내적 요소와 국제적 관계를 포함해야 하는데, 이를 고려하여 이론적으로 좀 더 타당한 모형을 설정하면 다음과 같다.

$$\begin{aligned} \text{Burden-sharing Ratio} &= \beta_0 + \gamma\ \text{Incentive Level} \\ &= \beta_0 + \beta_1 \underline{\text{GNP(Economic Interest)}} \\ &\quad + \underline{\beta_2 \text{Noneconomic Private Interest}} \end{aligned}$$

└→ Omitted variables

(2) 변화된 국제관계의 역학(The Changed Dynamics of International Relations)

2차 세계대전 이후 1950년대부터 1960년대까지 미국은 서구 사회를 중심으로 UN과 같은 국제기구를 통해 평화로운 국제 질서를 확립하고 이를 통해 국제정치체제의 정당성과 헤게모니 권한을 확보할 수 있었다. 즉, 1960년대까지 유엔은 서방 강대국들이 자신들의 이익을 추구할 수 있는 효과적 수단이었다. 게다가, 1950년대와 1960년대에는 미·소 간의 냉전으로 긴장이 고조되었으므로 미국을 위시한 서방 강대국은 그들의 승리를 위해 제3세계 동맹국들의 지지를 얻는 데 관심이 있었다. 이는 경제적 규모와 정치적 이해관계가 적어도 1960년대 말까지는 양의 상관관계를 갖고 있음을 시사한다.

하지만, 1960년대 중반부터 제3세계를 중심으로 G77 그룹이 형성되고 1970년 초부터 이들과 소련과의 결속력이 급격히 강화되면서 미국의 정치적 이익은 급속도로 감소하기 시작했다.

1970년대부터 미국은 소련에 비해 UN에서의 정치적 이익이 급격히 감소한 반면 경제적 규모는 1970년대 이후에도 크게 감소하지 않았다. 아래 <그림 2-2>는 급격히 감소한 정치적 이익을 보여주고 있고, <그림 2-3>은 미국이 차지하는 경제적 규모가 여전히 안정적임을 보여주고 있다. 떨어지는 현상을 설명하는데 떨어지는 변수가 설명변수일까, 여전히 변함없는 변수가 설명변수일까? 그것은 자명한 일이다. 즉,

떨어지는 정치적 이익political interests의 변화가 떨어지는 UN 분담금을 설명하는 진정한 예측변수real predictor인 것이다. 따라서 Olson & Zeckhauser 모형의 중요한 오류는 정치적 이익political interests과 같은 비경제적 인센티브를 중요한 변수로 고려하지 못한 점임을 알 수 있고, 이는 "퇴락된 변수omitted variables로부터 오는 잘못된 모형 설정"이라고 규정할 수 있다.

• 그림 2-2 UN내에서 미국 및 소련의 정치적 이해관계: 제3세계의 증가에 따른 미국 이익의 급락

• 그림 2-3 1960-1987년 사이의 경제규모의 시계열 변화

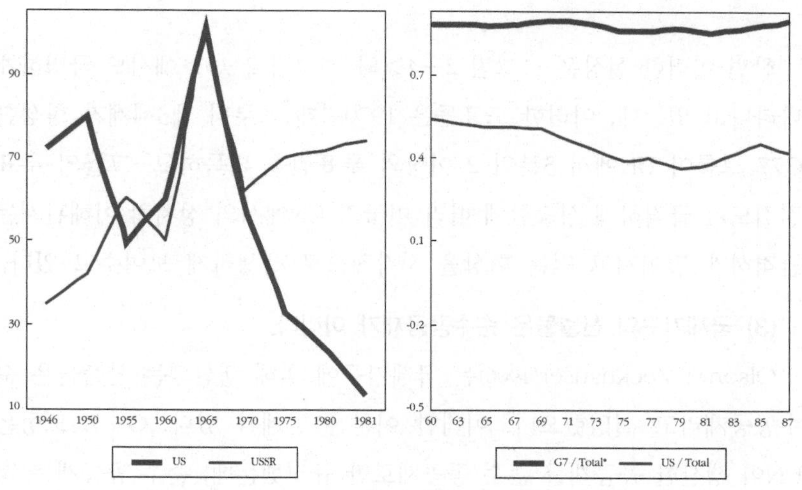

* 자료: 분석에 사용된 데이터 Jacobson(1984:106).
** 밑에 줄은 USSR

* G7의 GNP 총합을 UN 회원국 전체의 GNP로 나누어서 계산함.

• 그림 2-4 UN내에서 G77그룹의 위상 • 그림 2-5 UN내에서 G77그룹의 투표 결집도

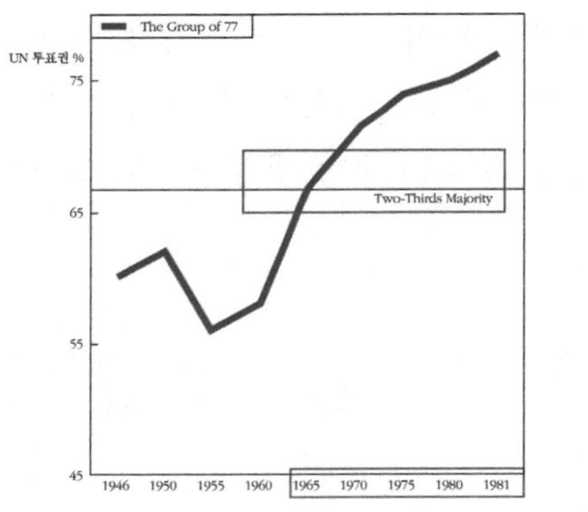

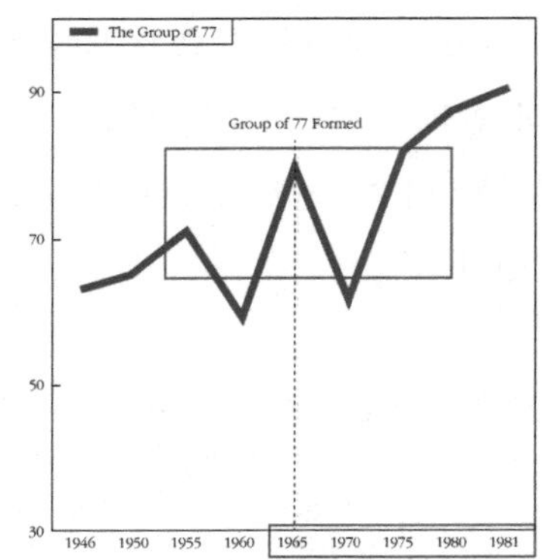

한편 이러한 현상은 <그림 2-4>와 <그림 2-5>에서도 극명하게 나타나고 있는데, 이러한 도표들은 1970년대 초부터 제3세계가 형성한 G77 그룹이 UN에서 3분의 2 이상의 투표권을 획득하고, 그들의 투표 결집도가 급격하게 상승함에 따라 미국의 UN에서의 정치적 이해관계는 급격하게 떨어지고 있는 현상을 시각적으로 생생하게 보여주고 있다.

(3) 국제기구의 산출물은 순수공공재가 아니다.

Olson과 Zeckhauser(1966)는 국제기구에 의해 생산되는 산출물은 순수공공재라고 설명했으나, 이러한 이론은 한계가 있다. O-Z 모형은 UN이 생산한 공공재를 순수 공공재로만 규정했는데, 순수 공공재는 적어도 두 가지 속성을 가지고 있다. 즉, 비배제성과 비경합성이다. 하지만 국제기구의 산출물은 순수공공재라기보다는 다양한 성격을 지닌 집합재이다.

아래 <표 2−1>가 제시하듯이 국제조직UN이 생산하는 산출물은 순수공공재의 영역만 있는 게 아니라 1) 배제성이 적용되는 정치적, 전략적 이익(예시: 미국의 헤게모니 유지), 2) 서로 다른 이해관계(예시: 부의 재분배, 코로나 백신의 분배, 남북갈등) 등 다양한 사적 이익이 적용되는 영역이 존재한다.

이처럼 O−Z 모형은 국제기구의 특징을 잘못 파악하고 있으며, 좀 더 정확하게는 국제기구가 생산하는 산출물의 특성을 규정짓는데 있어 순수공공재로만 파악하는 오류를 범하고 있다.

즉, 국제기구의 집합행동이 가지는 다층적 차원을 포착하지 못하고, 경제적 규모 관점에서만 분담금 논리를 설명하는 O−Z 공공재 모형은 이론적 한계를 지니고 있는 것이다.

• 표 2-1 국제기구에 의해 산출되는 집합재의 유형에 관한 분류

	특성	예시	지표
비순수공공재 Non-pure Public Good	1) 정치적/전략적 이해(배제성이 있음) 2) 비동질적 선호 (경합성이 있음)	1) 선택적 인센티브 (M. Olson) a) 미국이 누리는 헤게모닉 지위 b) 냉전시대 양극 외교 2) 남북 갈등 문제 a) 부의 재분배 b) 백신 분배 c) 식민지 갈등	 US Hegemonic Status Cold War Intensity Third World Membership**
순수공공재 Pure Public Good	1) 비배제성 2) 비경합성	세계 평화 경제 안정	Economic Size(GNP)

* 비동질적 선호는 UN 내 정치적 의사표시의 분열로 이어질 것이다.
** 제3세계 멤버십 증가는 77 그룹의 투표 영향력으로 이어질 것이다.

4) 그럼 어떤 모형을 세워야 할까?

원래 Olson과 Zeckhauser가 제안한 모델은 동맹국 또는 국제기구에서의 분담금 역학을 분석하는 데 지배적인 패러다임이고, 여전히 영향력이 있다.

그러나 위에서 살펴보았듯이, O-Z 공공재 모형은 불완전한 것임을 알 수 있다. 따라서 이제 우리는 국제기구나 동맹이 생산하는 집합적 산출물의 다양한 전략적 측면을 더 신중하게 고려해야 한다.

아래 <그림 2-6>에서 보듯이 국제체제 속에는 순수한 공공재 영역이 있는가 하면 비순수 공공재 영역이 존재하고, 이들이 총체적으로 각 국가의 인센티브 구조를 결정한다. 이러한 인센티브 수준에 따라 국제기구의 분담금 역학은 결정되는 것이다.

• 그림 2-6 국제체제에서의 분담금 역학관계의 결정구조: 조건과 맥락에 따른 인센티브 모형

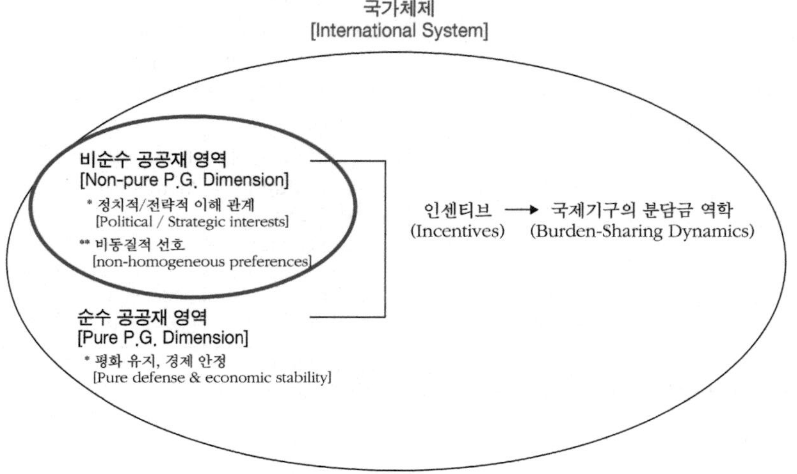

논의된 바와 같이, 정치적/전략적 이해관계는 경제적 규모에 비해 구성원의 기여 패턴에 영향을 미치는 훨씬 더 중요한 요소이다. 그렇다면, 이러한 이론적 주장을 경험적 모형으로 표현하면 어떻게 될까? 이것이 이른바 "포스트-헤게모니Post-hegemonic 시대의 새로운 분담금 경험모형"이다. 이는 다음 장에서 살펴보기로 하자.

5) 포스트-헤게모니 시대의 새로운 분담금 경험모형

1973년 이후 달라진 국제체제의 모습을 담은 국제기구 분담금 모형은 어떻게 구성될까? 그것은 포스트-헤게모니Post-hegemonic 시대의 국제기구 모형이 될 것이다. 이러한 모형은 두 가지 핵심 전제를 가지고 있다.

> 첫째, 국가의 행동은 일정 부분 국내 정치적 요소들에 의해 영향을 받는다.
> 둘째, 국가의 행동은 국제 정치 및 외교적 맥락에 의해 영향을 받는다.

말하자면, 국가의 선호는 국내 정치적 요소와 국제적 관계로부터 오는 인센티브의 함수이다. 이를 좀 더 구체적으로 살펴보면 다음과 같다.

(1) 국내 정치적 조건 및 요소

① 기술의 발전 수준: "경제적 규모" 변수를 보완하는 기술 발전 수준은 회원국의 경제적 능력을 의미하며, 기술이 발전될수록 국제기구에 대해 재정적 지원을 증가시킬 가능성이 높다.

② 정당에 반영된 정치적 이데올로기: 지배적 정당에 반영된 이데올로기는 국제기구에 대한 시민사회의 집합적 선호를 나타내는데, 가령, 미국의 진보주의자들은 국제협력을 위한 기구로서 UN을 지지하는 오랜 정치적 전통을 가지고 있는 반면 보수주의자들은 "세계정부주의Oneworldism"에 회의적이며, UN을 지원하는데 인색하다.

③ 보호무역집단의 압력: 보호무역주의 압력 수준은 국제협력에 대한 사회단체의 태도를 나타내는 지표이다. 보호무역주의자들은 국제기구에서 주창하는 자유무역에 대해 달가워하지 않으며, 이들은 국제기구에 대한 재정 제공에 부정적이다.

(2) 국제 정치적 조건 및 인센티브

① 국제기구에서 제3세계의 영향력: 제3세계의 영향력이 올라갈수록 미국과 같은 선진국의 인센티브는 하락할 가능성이 높다. 1964년에 형성된 G77 그룹은 1971년부터 결속력이 크게 증가하였으며, 이에 따라 미국 등 G7 회원국들은 동기를 잃었다.

② 냉전의 강도Cold war intensity: 냉전의 강도가 약화될수록 미국의 국제기구에 대한 인센티브는 하락할 것이다. 냉전의 강도가 완화되면서 미국과 같은 서방 강대국들은 동맹국들 사이에서 패권적 영향력을 살 동기가 줄어들었고, 이에 따라 UN에 대한 관심이 줄어들었다.

③ 국제 시스템의 급격한 변화: 미국을 중심으로 하는 국제 헤게모니 구도Hegemonic system가 무너지고 다극화될수록 미국의 UN에 대한 인센티브는 감소할 것이다. 국제체제에서 경제 강대국의 수가 증가하여 국제기구를 중심으로 패권주의를 유지할 동기가 사라지기 때문인데, 대부분의 학자들은 닉슨 대통령의 1973년 금본위제Brettonwoods 체제 폐지시점부터 국제경제 분야에서 패권이 상대적으로 쇠퇴하기 시작했다고 보고 있다.

6) 경험적 검증 및 발견

(1) 정태적 모형

Model I: $\text{UN BURDEN}_i = \beta_0 + \beta_1 \text{GNP}_i$

Model I−a: $= \text{UN BURDEN}_i = \beta_0 + \beta_1 \text{GNP}_i + \beta_2 \text{US}_i$

1987년 자료를 가지고 기존의 O−Z 모형을 적용한 회귀분석 결과이다. O−Z의 이론에 의하면 경제적 규모가 클수록 분담금도 커져야 하지만, 실제 회귀분석결과에서 1987년 기준으로 음의 값이 나왔다. 즉, 실제로 경제적 규모가 큰 국가들이 값싼 승차Cheap riding, 즉 UN의 분담금이 작아지는 형태를 보이고 있음을 알 수 있다. 미국이 통제된 모형에서도 결과는 같았다. 이것은 단지 미국이라는 한 국가의 행동에서 나온 것이 아닌 여러 선진국들의 공통된 행동 패턴이라는 점을 알려 준다.

(2) 동태적 모형

Model Il: $\text{CHANGE IN UN BURDEN}_i = \beta_0 + \beta_1 \text{GNPCHNG}_i$

Model Il−a: $\text{CHANGE IN UN BURDEN}_i = \beta_0 + \beta_1 \text{GNPCHNG}_i + \beta_2 \text{US}_i$

1977~87년 10년 동안의 시계열 자료를 가지고 동태적 모형을 분석한 결과 동일한 패턴을 보였다. 즉, 경제적 규모GNP가 커질수록 분담금은 작아지는 음의 값이 나온 것을 확인할 수 있다. 이 역시 미국을 통제했을 때도 마찬가지이다.

(3) 최종 모형: 확장된 형태의 모형

Model Ill: G7 Dynamic Panel Data Model:

$$UN\ BURDEN_k = \beta_0 + \gamma_1 UNR_{k+1} + \beta_1 GNP_k + \beta_2 YEAR_l + \beta_3 D73 \times YEAR_l + X_1\gamma + X_2\delta$$

Model Il－a: The US－Controlled Model:

$$UN\ BURDEN_k = \beta_0 + \gamma_1 UNR_{k+1} + \beta_1 GNP_k + \beta_2 YEAR_l + \beta_3 D73 \times YEAR_l + X_1\gamma + X_2\delta$$

(i) 변수 설명

UNR: lagged burden으로 1년 전의 UN 분담금을 의미하며 1년간 변화를 설명할 수 있다.

Year & D73×Year: Year는 시간의 추세를 확인하기 위한 변수이며, D73×Year은 1973년의 더미변수×Year의 상호작용항으로서 국제금융관계의 변곡점인 1973년 이전 이후로 달라지는 흐름을 확인할 수 있다.

X1Domestic conditions: 국내 정세와 관련한 변수로 1인당 소득per capita GNP, 무역으로 인한 수입 비율Import share in Trade, 집권 정당Political party 변수이다.

X2International incentives: 국제 정세와 관련한 변수로 냉전의 정도Cold war intensity, 제3세계국가Third의 영향, 국제체제의 급격한 변화 등이 있다.

(ii) 분석결과 해석

GNP 변수는 음의 값으로 나온 것으로 보아 집합행동이론의 예측을 반박하는 것으로 나왔다.

이는 미국을 통제한 모형에서도 크게 다르지 않은 결과를 나타낸 것으로 보아 단지 미국에 국한되어 나타난 결과가 아님을 알 수 있다.

1973년을 기준으로 미국과 G7국가의 분담금 기울기는 1973년 전보다 1973년 후에 더 작아졌다. 더불어, 상호작용항을 살펴보면, 1973년 전에는 양의 값을 나타냈었는데 상호작용을 살펴보면, 1973년 이후에는 음의 영향을 주는 것으로 바뀌었다. 다시 말하면, 1973년 전에는 분담금을 유의하게 증가하는 것으로 보이지만 1973년 이후에는 분담금을 유의한 수준으로 낮춘 것으로 나타났다. 또한, 제3세계 국가의 영향 변수는 G7 국가의 분담금을 낮춘 것으로 나타났다.

	Model-III (G7)	Model-III-a (US-controlled)
Intercept [절편]	.0004	.0009
Lagged BURDEN [지난해의 분담금]	.7883 (.0707)*	.7945 (.0713)*
GNP [국민총생산]	−.0001 (.0001)	−.0002 (.0002)
Per Capita GNP [1인당 국민총생산]	.0003 (.0002)	.0003 (.0002)
Import Share in Trade [보호무역지수, 역코딩]	.0014 (.0013)	.0012 (.0014)
Political Party [보수주의 정당]	−.0002 (.0001)*	−.0002 (.0001)*
CWI [냉전지수]	.0016 (.0024)	.0015 (.0024)
THIRD [제3세계 비중]	−.0054 (.0024)	−.0051 (.0024)*
D73 [1973 더미변수]	.0190 (.0069)*	.0173 (.0075)*
YEAR [연도]	.0002 (.0001)*	.0002 (.0001)
D73×YEAR [1973×년도]	−.00028 (.0001)*	−.00025 (.0001)*
US [미국을 통제]		.0003 (.0004)
Adjusted R^2 [조절된 R^2]	.67 (a=90)	.67 (a=90)

7) 결론 및 함의

본 연구는 1970년대 이후로 O－Z 모형과 다르게 나타난 실제 국가들의 분담금 행태를 설명하고자 하였다.

O－Z 모형은 인센티브 변화의 가능성을 무시함으로써 예측력을 잃었고 따라서 본 논문은 두 가지 관점에서 국제 관계 분야에 기여하고 있다.

첫째, 1970년대 초반 이후 실제 부담분담 행위가 0－Z 모형과 정면으로 반대되는 이유를 설명하였다. 패권주의 이후 국제 시스템에서 새롭게 부상하는 패턴이 미국을 비롯한 몇몇 더 큰 선진국들의 부담분담의 감소 원인임을 보여주었다. 주요 조사 결과는 국제 경제가 국가가 엄격한 경제 경쟁에 직면하는 체제로 이동하고 유엔 의사결정 시스템이 분권화됨에 따라 (제3세계 국가들이 더 많이 가입함에 따라) 미국 등 더 큰 서방 회원국들이 더 높은 분담금을 제공할 동기요인이 현저히 줄어들었음을 보여주고 있다.

둘째, 주로 제 3세계 국가들이 "무임승차Free riding"가 되는 경향에 초점을 맞추었던 이러한 문제들에 대한 이전의 분석과는 달리, 선진국들의 값싼 승차Cheap riding에 대한 새로운 명제를 제시하고 있는 것이다. 문제 해결의 관심은 특히 미국과 같은 더 큰 선진 회원국이 직면한 인센티브로 옮겨져야 하는데, 현실적인 어려움은 단지 그들이 비용 대비 원하는 보상을 받지 못하고 있다는 점이다. 한 가지 가능성은 회원들에게 유엔에 대한 재정적 기여에 비례하여 투표권을 주는 것인데, 이는 "특정 사안에 대한 국가의 지분에 따른 투표의 가중"을 허용함을 의미하는 것이다.

한편, 이러한 연구결과는 연구모형 정립에 있어 학술적 화두ACADEMIC

PUZZLE의 중요성을 부각시켜주고 있으며, 치열한 선행연구 검토와 다양한 형태의 기술통계 및 회귀모형 탐구가 중요하다는 점을 다시 한번 상기시켜 주고 있다.

제2절 선형적 연구와 비선형적 연구

선형적 연구와 비선형적 연구를 먼저 판단할 필요가 있다. 이를 위해서는 다음 두 가지를 살펴보아야 한다.

1) 내가 연구하고자 하는 주제, 즉 종속변수는 연속형 변수인가 단절형 변수인가? 소득, 온도, 이자율 등과 같이 연속형 데이터로 측정 가능한 변수는 연속형 변수continuous variable이다. 이에 반해 사망자수, 자동차 보유 숫자, 주택 보유 숫자 등은 0, 1, 2로 끊어지는 단절형 변수discrete variable이다. 연속형 변수의 경우는 일반적인 회귀함수로 측정 가능하지만, 단절형 변수의 경우는 LOGIT, PROBIT, TOBIT과 같은 특수모형을 사용해야 한다.
2) 내가 연구하고자 하는 주제, 즉 종속변수와 독립변수의 관계는 선형적 관계인가 비선형적 관계인가? 독립변수인 X1, X2, X3 등이 종속변수인 Y와 선형적인 함수 관계라면 일반적인 회귀함수로 측정 가능하지만, 비선형적 함수 관계라면 포아송 모형이나 허들 모형과 같은 특수모형을 사용해야 한다.

한 가지 사례를 들어보자. 대통령이나 국회의원이 특정 선거에서 당

선된 확률은 f(0, 1)로 표현될 수 있다. 이는 정당, 동원 가능한 자원, 국민의 인기나 지지도, 당시의 사회적 분위기나 이슈 등에 영향을 받지만, 종속변수는 당락(0, 1)로 나타나므로 일반적인 회귀함수로 측정하기 보다는 LOGIT이나 PROBIT모형을 돌려야 한다.

또 다른 사례를 살펴보자. 어떤 국가가 국제기구에 가입한 숫자는 다양한 요인에 영향을 받을 것이다. 가령, 경제발전의 정도, 외교관계, 국제기구에 가입함으로 인해 얻을 수 있는 효용 등 다양한 요인에 의해 영향을 받겠지만, 신생국의 경우 우선 중요한 몇 개의 기구로 출발하여 경제규모가 커지고 외교관계에 대한 욕구가 증가할수록 상승하게 될 것이다. 하지만, 국제기구도 한정되어 있을 뿐만 아니라 모든 국제기구에 가입할 필요는 없기에 일정한 임계치를 넘어서면 더 이상 가입하지 않게 될 것이므로, 이러한 형태는 완만한 S－자 커브, 즉 "처음엔 완만하게 시작하여 일정 단계에서는 욕구가 급격하게 상승하여 가파른 기울기로 상승하다가 일정한 포인트를 지나면 그 상태에서 더 이상 증가하지 않고 정체된 형태Starting Slowly, Rapid in the Middle, But Saturation effect after a certain Threshold point"를 보이게 될 것이다. 이런 경우는 일반적인 회귀함수로 측정하기 보다는 Hurdle모형을 알고리즘으로 짜서 돌리는 특수형태를 사용하는 것이 좋다.

또 하나의 사례를 보자. 보통 일반적인 회귀함수는 정규분포를 가정한다. 예컨대, 일정한 경제규모를 고정시키고 여러 차례의 시뮬레이션을 해 보면 일정한 경제 규모하에 국제기구에 가입한 숫자의 확률 분포는 정규분포를 그릴 것으로 가정하고 있는 것이다. 하지만 자세히 조사해 보면 국제기구에 가입한다는 것은 지속적으로 효용성이 증가하는 것은 아니라서 초기에 완만하게 상승하다가 일정한 포인트 이후에는 급격하게 떨어져서 나중엔 거의 0에 수렴하는 포아송 분포를 띤다는 것을 알 수 있다. 이러한 경우는 일반적인 회귀함수를 돌리기보다는 포아송 회귀함수를 돌리는 것이 바람직하다.

• 그림 2-7 정책분석과 과학탐구

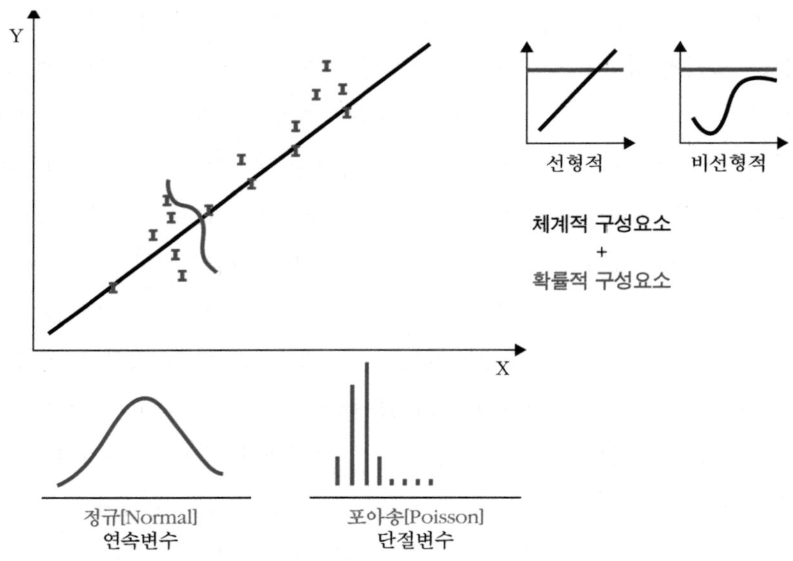

* 사례탐구: 국제기구 가입 회원국에 관한 경험적 모형

1) 학술적 화두ACADEMIC PUZZLE

국제기구의 산출물이 순수 공공재가 아니라는 연구의 일환으로 국제기구 가입 회원국에 대한 연구가 이루어졌다. IGO는 세계 2차 대전이후 기하급수적으로 늘어났는데, 국제정치학에서 이를 설명하는 이론으로는 기능주의가 있었다. 예컨대, 기능주의의 한 학자인 David Mitrany는 "작동하는 국제평화체제A Working Peace System"라는 논문에서 IGO의 증가는 산업화와 민주화의 두 가지 흐름의 자연스러운 결과로 보고, "국가 경계에 상관없이 전 세계에 걸쳐 사람들을 위해 봉사하는 국제기구들은 그들의 존재와 성과만으로도 이익과 가치, 행동의 공동체를 만들 수 있다 Morgenthau, 1966"고 주장했다.

이러한 이론의 연장선상에서 Harold K. Jacobson은 "상호연결된 국제네트워크Network of Interdependence"라는 논문에서 IGO 네트워크와 세계 경제의 성과 사이에 중요한 상관관계가 있다고 주장하고, IGO 네트워크 발전을 통해 1) 세계 경제의 성장, 2) 무역 불균형의 감소, 3) 무력 충돌의 감소 및 인권에 대한 관심 증가가 이루어질 수 있을 것으로 보았다. 이런 긍정적 효과는 IGO 유형에 따라 달라지지 않을 뿐만 아니라 IGO를 통한 이익 확산, 협력에 따른 상호이해, 그리고 거대하고 부유한 민주주의 국가의 리더십의 결과로 인한 것이라는 이론을 세우고 있었다.

2) Jacobson모형

이에 Jacobson모형에서는 종속변수로는 IGO 회원 수, 독립변수로는 정당 간 경쟁의 정도, GNP, 1인당 GNP, 독립 후 경과한 시간을 설정하였다. 즉, IGO 회원 수는 경제규모가 클수록, 독립 후 경과한 연도가 많을수록, 정당 간 경쟁의 정도가 높을수록 증가한다는 가설이었다(모형 1).

하지만 6년이 지난 후 1987년의 데이터를 사용한 회귀함수의 결과는 GNP 데이터가 유의미성을 잃었을 뿐만 아니라 방향도 반대로 나타나 위의 이론에 심각한 문제가 있음을 보여주고 있다(모형 3).

• 그림 2-8 IGO Membership에 대한 경험적 모형

	Model 0 (Jacobson)	Model 1 (Replication)	Model 2 (Robust)	Model 3 (1987 Data)
Intercept [절편]	36.29	91.62	91.62	85.67
Party Competition [정당 경쟁 정도, 역코딩]	−4.43 (1.34)*	−118.4 (18.78)*	−118.4 (18.38)*	−.05 (.99)
GNP [국민총생산]	.00002 (.00)*	.0003 (.00009)*	.0003 (.00018)**	−.0000014 (.0000028)
GNP Per Capita [1인당 국민총생산]	.002 (.00)*	28.46 (4.53)*	28.46 (6.84)*	1.25 (.251)*
System Age [독립 경과 연도]	1.43 (.14)*	18.72 (2.06)*	18.72 (1.81)*	−.78 (.105)*
IGO ties in 1982				
Scandinavian				
African				
Middle Eastern				
Adjusted R^2	.61 (n=160)	.659 (n=142)	.659 (n=142)	.44 (n−141)

괄호 안의 숫자는 표준오차임.
* p〈.05
** p〈.01

3) Jacobson 이론에 대한 비판

무엇이 잘못되었을까? Jacobson모형의 통계학적인 문제점은 1) 횡단면 분석만 진행함으로 인해 인과관계를 확립하기에 부족하며, 2) 오차항error term의 이분산성을 고려하지 않아 분석결과를 신뢰하기 어려우며, 3) 독립변수의 내생성 문제가 있다는 점이다.

하지만 보다 근원적인 차원에서 이론적으로 다음과 같은 문제점이 있었다.

IGO 연구에서는 IGO 네트워크 형태Network Configuration와 회원국 인센티브Membership Incentives를 고려해야 하는데, Jacobson모형은 이를 고려하지 않았다.

첫째, 아래 그림에서 보듯이 IGO 네트워크 산출물에는 IGO 크기도 영향을 미치지만 IGO 형태Network Configuration도 매우 중요한 영향을 미친다. 가령, IGO 크기가 커진다고 무조건 좋을 것이라는 생각을 하기보다는 그 IGO의 형태가 개방적인지 폐쇄적인지 혹은 어떤 성격을 가지고 있는지의 여부 역시 중요하다.

둘째, 이러한 IGO 크기와 IGO 형태는 Membership Incentive(회원국들의 인센티브 변화)에 결정적으로 영향을 받는다. 회원국 가입과 어떤 행태를 보일 것인가는 그 국가에 미치는 국제적 인센티브에 따라 달라지는 것이다.

• 그림 2-9 IGO 산출물 결과에 미치는 영향 요인

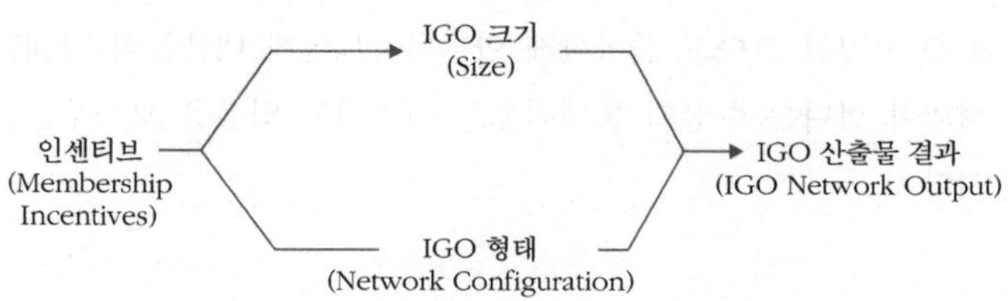

4) 다양한 형태의 경험모형 설정

이러한 이론적 비판을 토대로 다양한 형태의 경험모형을 검토해 보았다(아래 <그림 2-10> 참조).

첫째, Model 4는 정태적 분석으로서 1987년 데이터 사용을 위해 1982년 회원 수만 통제변수로 추가하였다. 1982년에 회원 수가 동일하다면 경제규모가 커진 국가일수록 IGO 회원국에서 더 많이 탈퇴하는 경향이 나타났다. 이는 앞에서 언급한 회원국 인센티브Membership Incentives의 중요성에 대한 가설을 지지해 주는 결과이다.

둘째, Model 5는 동태적 분석이다. GNP와 1인당 GNP를 GNP의 변화와 1인당 GNP의 변화로 대체해서 회귀함수를 돌렸다. 그랬더니 1982년과 1987년 사이에 GNP 변화가 큰 국가일수록 IGO 회원국에서 더 많이 탈퇴하는 경향이 나타났다. 역시 Model 4와 동일한 결과이다.

셋째, Model 6과 Model 7은 부유한 국가의 IGO 탈퇴율이 높은데 어떻게 IGO 회원의 총수가 증가할 수 있는가? 하는 의문에 대한 답변이다. 이는 Model 5와 동일한 회귀모형에 지역 더미 변수를 다수 포함시켰다. 아프리카, 스칸디나비아 국가 및 중동 국가들만의 IGO에 대한 더미변수들을 추가했더니 그들 국가들만의 국제기구 가입 수IGO Membership는 크게 증가한 것으로 나타났다. 이는 네트워크 형태Network Configuration의 중요성에 대한 가설을 지지해 주는 결과인데, IGO 크기만 크다고 좋아할게 아니라 그 실제 내용물의 형태를 살펴봐야 한다는 주장이 통계적으로 지지되고 있음을 보여주는 결과이다.

• 그림 2-10 IGO Membership에 대한 시계열 모형

	Model 4 (Static)	Model 5 (Dynamic)	Model 6 (Regional)	Model 7 (Cross-section)
Intercept [절편]	2.65	1.423	9.60	87.71
Party Competition [정당 경쟁 정도, 역코딩]	1.15 (.334)*	1.31 (.369)*	−.156 (.355)	−1.81 (1.01)*

GNP [국민총생산]	−.000003 (.000001)*	−.000002 (.000001)*	−.0000012 (.00000042)*	−.00000085 (.0000026)
GNP Per Capita [1인당 국민총생산]	.116 (.108)	−.09 (.203)	.049 (.069)	1.07 (.249)
System Age [독립 경과 연도]	.005 (.043)	.013 (.043)	−.066 (.050)	−.0849 (.085)*
IGO ties in 1982	.994 (.038)*	1.01 (.038)*	.923 (.037)*	
Scandinavian			12.13 (1.36)*	29.68 (3.48)*
African			4.84 (1.14)*	13.36 *2.68)*
Middle Eastern			7.01 (1.15)*	5.32 (3.57)**
Adjusted R^2	.915 (n=141)	.914 (n=135)	.948 (n=141)	.603 (n=141)

괄호 안의 숫자는 표준오차임.
* p<.05
** p<.01

5) 또 다른 형태의 고급통계분석: Poisson 허들 회귀모형

Jacobson모형(1986)의 연구결과는 받아들일 수 없다. 그 이유는 다음과 같다.

첫째, Jacobson모형은 한 해의 횡단면 데이터만 사용한 결과이기 때문에 받아들이기 어렵다.

둘째, 국제기구 회원 가입 수IGO Membership는 불연속 단절Count: 서열 변수이기 때문에 Jacobson모형이 전제한 정규분포를 따르지 않는다는 것이다. 그것은 포아송 분포를 따른다. 이에 대안적 고급통계분석에서는 정규분포 가정을 포아송 분포로 대체하여 돌려보았다(확률적 요소).

셋째, 더 나아가 국제기구 회원 가입 수IGO Membership는 선형회귀모형을 따르지 않는다. 그것은 허들 함수와 같은 비선형적 형태를 그린다. 이에 대안적 고급통계분석에서는 선형 가정을 비선형인 허들 함수로 대체하여 돌려보았다(체계적 요소).

이처럼 회귀모형을 돌릴 때에는 확률적 요소random component와 체계적 요소systemic component를 반드시 체크해야 한다.

Jacobson모형은 IGO 네트워크의 "수용력"인 포화효과를 고려하지 않기 때문에, 일정한 임계치를 지날 경우에는 예측력을 잃을 것으로 예상된다. 또한, 선형 형태는 0 미만의 IGO 회원수를 허용하므로 비현실적이다.

고급통계분석에서는 King(1989: 227)이 사용한 허들 함수와 동일한 "허들huddle"함수 형태를 적용함으로써 비선형적 형태를 함수에 반영시켰다.

$$\lambda_i = \gamma[1 - \exp(-\exp(X\beta))] \cdots (3)$$

Poisson 허들함수에서는 0과 1사이의 값으로 제한되는 형태를 포함시키고, 국제기구 회원 가입수IGO Membership가 일정한 임계치critical point에 도달하면 한계효용이 0에 수렴할 수 있는 형태의 감마 변수를 추가하여 구성하였다. 이를 포아송 허들모형Poisson Hurdle Model이라고 부른다.

아래 <그림 2-11-1>은 국제기구 회원 가입 수IGO Membership가 43 이상일 때 포아송 분포는 정규분포에 수렴하는 모습을 보여주고 있고,

<그림 2-11-2>은 그보다 이하일 때, 가령 국제기구 회원 가입수IGO Membership가 5일 때의 포아송 분포의 모습을 보여주고 있다.

• 그림 2-11-1 IGO Membership이 정규분포를 띠는 경우(평균값이 43이상일 때)

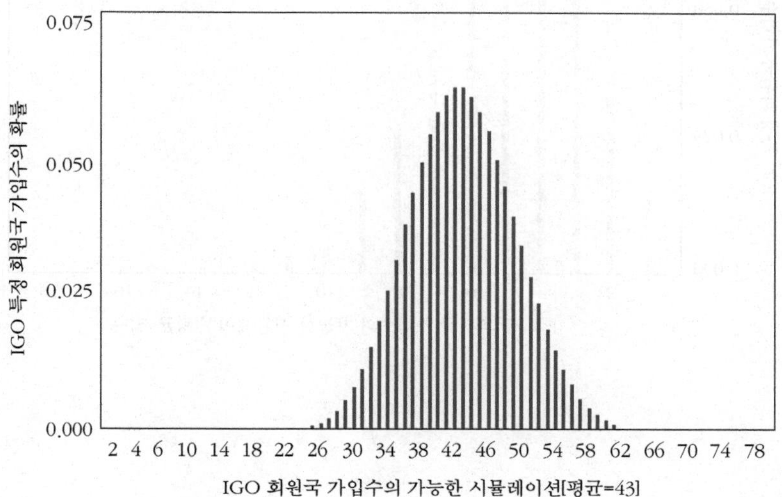

• 그림 2-11-2 IGO Membership이 포아송분포를 띠는 경우(평균값이 5인 경우)

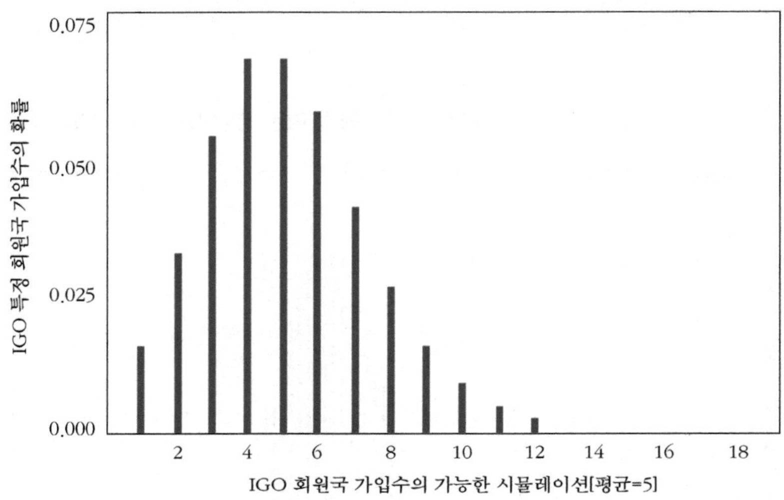

제3절 연구모형

연구모형을 어떻게 세울 것인가?

연구모형은 과학적 탐구로부터 출발한다. 탐구는 학술적 화두ACADEMIC PUZZLE로부터 출발하는데, PUZZLE이란 연구문제이며, 결국은 풀리게 될 질문이며 의문이다.

연구모형은 종속변수와 이를 설명하는 독립인자들 간의 이론적 배열이다. 종속변수는 내가 연구하고 싶은 대상이므로 연구자는 이런 현상이 왜 일어나는지, 그리고 어떻게 일어났는지에 대한 학술적 궁금증을 가져야 한다. 이러한 학문적 탐구를 풀어나갈 연구 설계도를 연구모형이라고 한다. 독립변수들을 왼쪽에 수직적으로 나열하고 중간경로에 해당하는 매개변수들을 두고 가장 오른쪽에 종속변수들을 두는 형태로 제시된다.

가령, 다음과 같은 함수관계의 설정을 한번 생각해 보자. 여기서 X1은 강력한 리더십, X2는 기술적 요인, X3는 제도적 요인, X4는 태도적 요인, X5는 문화적 요인, Y는 정부혁신이다. 종속변수 Y는 X1, X2, X3로 이루어진 독립변수의 함수이며, 중간 매개변수인 X4와 X5를 거쳐서 발생한다. 즉, 성공적 정부혁신은 강력한 리더십을 통해 새로운 전자정부 기술을 도입하고 제도적 인센티브로 뒷받침해주면 구성원들의 태도가 변화하고 열린 조직문화가 형성되면서 발생한다.

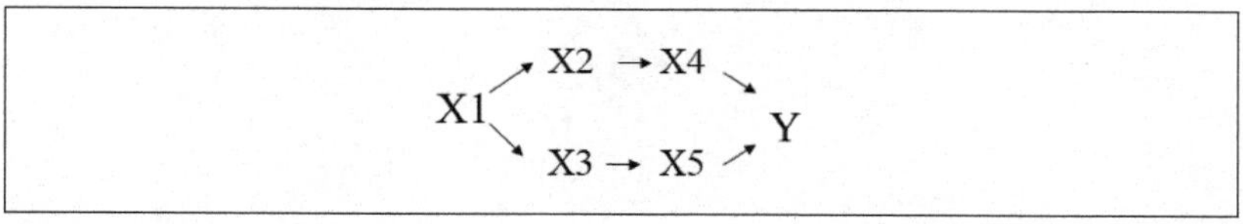

X1 → X2 → X4 → Y
X1 → X3 → X5 → Y

또 다른 사례를 들어 보자. 아래 연구는 "포스트 코로나 시대의 청소년 교육격차에 대한 대응방안"이라는 주제에 대한 연구모형을 담고 있다. 최근 몇 년간 코로나-19가 기승을 부리면서 학교 수업은 온라인으로 대체되었다. 혼자 방에서 컴퓨터를 틀어놓고 공부하다보니 자기 주도형 학습이 가능한 상위 그룹 학생들은 공부에 지장이 없지만 중간 그룹 이하의 학생들은 공부 집중력이 떨어질 수밖에 없어 교육격차가 심화되고 있는 형국이다.

이에 아래 그림의 종속변수는 학생들의 학습역량인데 이를 두 개의 지표 인지적 역량과 정서적 역량으로 나누어 살펴보았다. 대응방안1은 가령 교육부에서 시행하는 특별교육프로그램이다. 이는 학생들의 집중

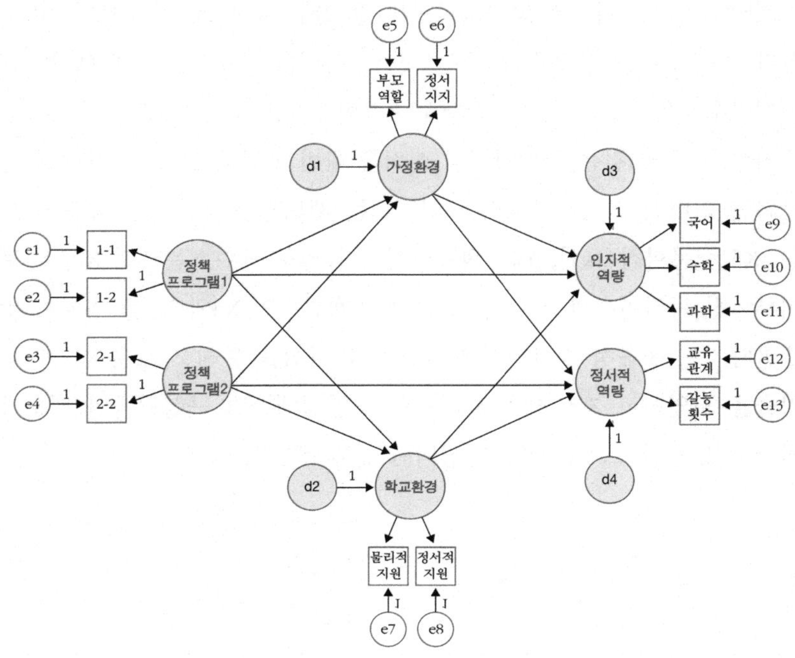

력을 향상시키기 위해 특별히 예산을 들여 시행하는 방과 후 학습 혹은 정책프로그램이다. 이것의 효과성은 매개변수, 즉 가정환경과 학교환경에 따라 달라질 것이다. 종합하면, 위 그림의 예시는 어떤 특정한 목적을 지닌 교육프로그램의 효과성 측정을 위해 정책프로그램의 시행을 독립변수로 하고 이것이 가정환경과 학교환경의 상황을 거쳐 학생들의 인지적 역량과 정서적 역량 향상에 어떻게 영향을 미치는지를 연구모형으로 표현한 것이다.

제4절 인과관계 규명의 단계적 접근

인과관계의 규명에도 단계적 접근이 필요하다. E. Tufte(1974)는 그의 명저, 『DATA ANALYSIS FOR POLITICS AND POLICY(정치학과 정책학에 있어서의 데이터 분석)』에서 인과관계 규명에도 단계적 접근이 있음을 강조하고 있다. 가령, 그는 자동차 안전 검사를 철저히 하는 것이 사망 사고를 줄일까? 라는 학술적 화두ACADEMIC PUZZLE을 가지고 조사했다Tufte, 1974: 5-26.

1) 자동차 사망 사고율이 높은 주와 낮은 주들의 특징

우선 기초 자료 조사로서 자동차 사망 사고율이 매우 높은 주들의 특징을 한번 조사해 보았다. 그들의 특징은 1) 미국의 서부에 위치하고 있으며, 2) 인구밀도가 낮은 주들이며, 3) 자동차 안전 검사를 별로 하지 않은 주들이었다. 반면에 자동차 사망 사고율이 매우 낮은 주들의 특징을 조사해 보았더니, 1) 미국의 동부에 위치하고 있으며, 2) 인구밀도가 높은 주들이며, 3) 자동차 안정 검사를 엄격히 하는 주들이었다. 이들을 실제로 확인해 보기 위해 1958년과 10년 뒤 1968년의 자동차 사망률의 상관관계를 분석해 보았다.

2) 1958년과 1968년의 자동차 사망률의 상관관계

위 그림에서 45도 라인은 아직 회귀함수의 FITTING LINE(추정선)이 아니다. 그것은 1958년과 1968년의 자동차 사망률이 동일한 선이다. 10년 사이에 큰 변화가 없는 주들이다. 45도 라인 위의 주들은 1958년에 비해 자동차 사망률이 높은 주들이며, 아래의 주들은(예컨대, 네바다주, 아

• 그림 2-12 1958년과 1968년의 자동차 사망률의 상관관계

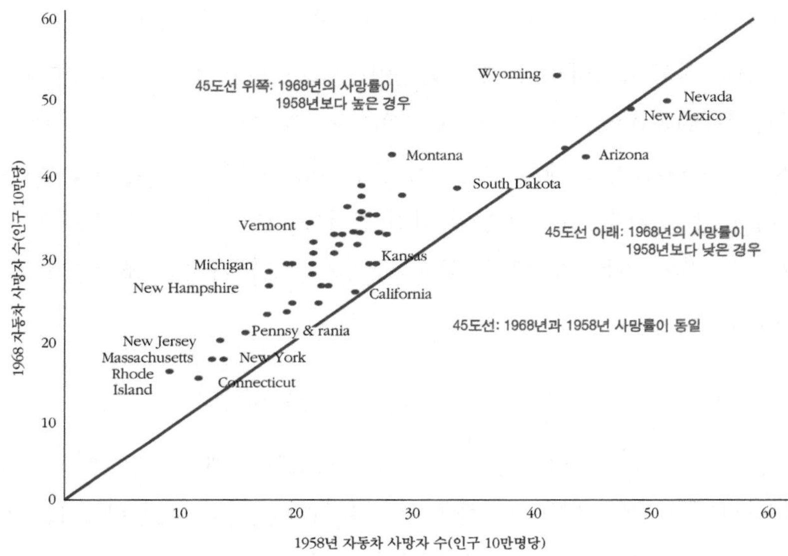

리조나주 등), 예외적으로 10년 전에 비해 자동차 사망률이 줄어든 주들을 나타낸다. 먼저 기술 통계치 및 그림을 통해 기초적인 조사를 하면서 무슨 일이 일어나고 있는지, 자동차 사망률을 설명하는 진짜 독립인자는 무엇인지를 찾아가는 과정이 시작되는 것이다.

3) 자동차 안전 검사의 엄격성과 자동차 사망률의 상관관계

그다음으로 연구자는 자동차 안전검사의 엄격성과 자동차 사망률의 상관관계를 조사해 보았다.

• 그림 2-13 자동차 안전 검사의 엄격성과 자동차 사망률의 상관관계

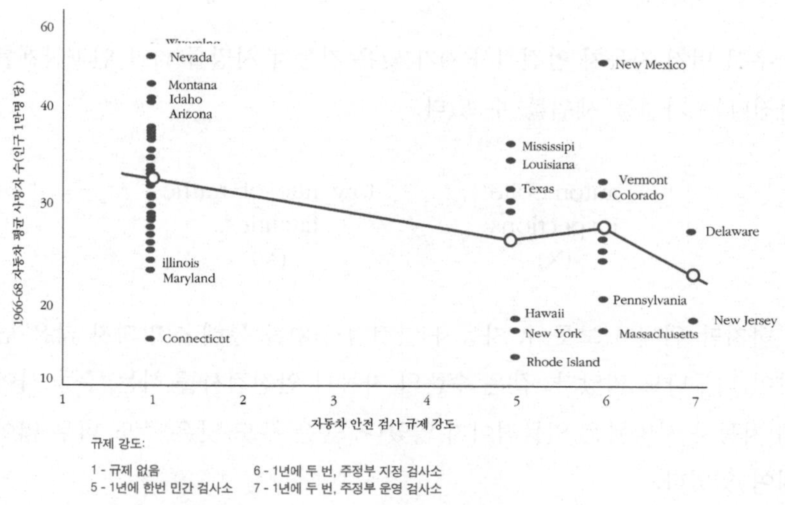

위 그림에서 보듯이 자동차 안전검사의 엄격성과 자동차 사망률은 음의 상관관계가 있었다. 즉, 자동차 안전검사의 엄격성이 높을수록 자동차 사망률은 줄어드는 경향이 있었다. 하지만 그 상관관계는 그리 높지 않았다. 설명되지 않은 변량들이 너무 많았던 것이다. 가령 자동차 안전검사를 매우 느슨하게 하는 주의 사망률은 너무나도 많이 들쭉날쭉했다. 검사가 느슨하므로 사망률이 높아야 했지만, 높은 주도 많았지만, 낮은 주도 많았다(예컨대, 코네티컷, 매릴랜드, 일리노이처럼). 엄격하게 하는 주도 마찬가지이다. 검사를 엄격하게 하면 사망률이 낮아야 하지만, 낮은 주도 있었고, 높은 주도 있었다(예컨대, 델라웨어처럼). 이렇게 데이터의 FITTING (추정)이 정합적이지 않고 분산도가 높아 들쭉날쭉하다는 의미는 이 요인말고 또 다른 요인이 중요하게 작용할 수 있다는 것을 시사하는 것이다.

4) 인과관계의 탐색

우선 먼저 자동차 안전검사(X)가 낮은 자동차 사망률(Y)과 인과관계를 가진다는 가설을 세워볼 수 있다.

automobile inspections (X)	→	low rate of traffic fatalities. (Y)

하지만 위에서 보듯이, 자동차 안전검사(X)를 통해 설명되지 않은 변량이 너무나도 많았다. 같은 수준의 자동차 안전검사를 하는 주들 사이에 자동차 사망률은 일률적이지 않았다. 높은 주도 낮은 주도 너무 많이 섞여 있었다.

그렇다면 이렇게 생각해 볼 수도 있다. 그것은 혹시 제3의 요인이 있어 자동차 안전 검사에도 영향을 미치고 사망사고에도 영향을 주는 것은 아닐까 하는 생각이었다.

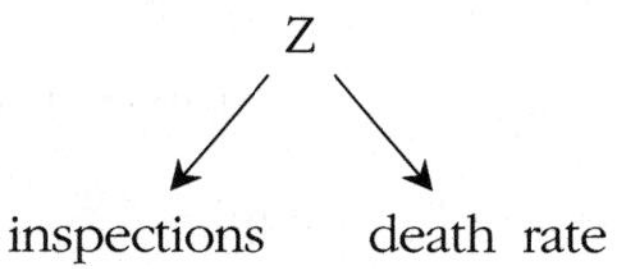

가령 인구밀도가 높은 도시일수록 도시화가 높으므로 자동차 안전검사의 엄격성도 높아지고, 또 인구밀도가 높은 도시일수록 교통체증도 높으므로 과속을 내기도 어려워 자동차 사망사고율은 떨어질 수 있는 것이다. 즉, 인구밀도라는 제3의 요인은 자동차 안전검사에도 영향을 미치지만 사망사고에도 영향을 미칠 수 있는 것이다.

실제로 이러한 가능성을 확인해 보기 위해 경험적인 데이터를 통해 검증해 보았다.

5) 인구밀도와 자동차 사망사고율의 상관관계

• 그림 2-14 인구밀도와 자동차 사망률의 상관관계

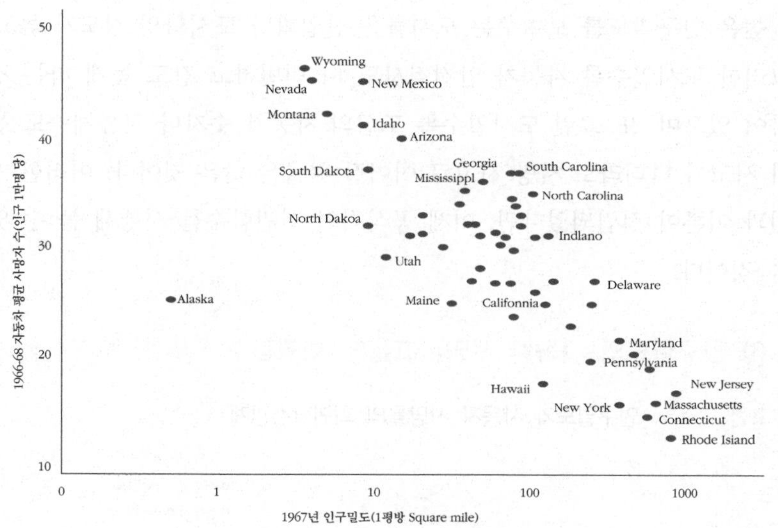

위 <그림 2-14>에서 보듯이, 실제로 인구밀도가 높아질수록 자동차 사망률은 우하향하면서 떨어지고 있었다. 변량은 다소 있었지만, 그래도 비교적 뚜렷한 방향성과 밀집된 형태를 보여주고 있다. 즉, 높은 인구밀도로 인해 강도 높은 자동차 안전검사와 낮은 자동차 사망률의 가능성은 훨씬 높아진 것이다.

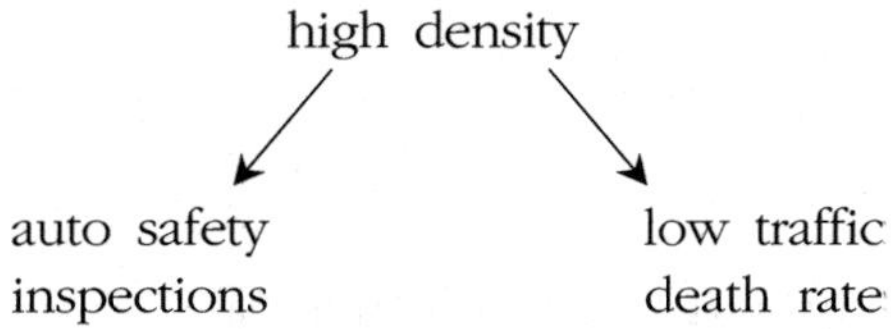

높은 인구밀도를 보여주는 도시들은 산업화나 도시화의 정도가 높고, 그러한 도시일수록 자동차 안전검사도 더 빈번하고 강도 높게 하는 경향이 있으며, 또 그런 도시일수록 도심의 자동차 숫자나 교통체증도 높아 사고가 나더라도 사망 사고로 이어질 확률은 낮은 것이다. 이러한 가설과 이론이 정립되었다면, 이제 공식적인 회귀함수를 시행해 볼 수 있을 것이다.

6) 인구밀도와 자동차 사망사고율의 회귀함수

• 그림 2-15　인구밀도와 자동차 사망률의 회귀함수관계

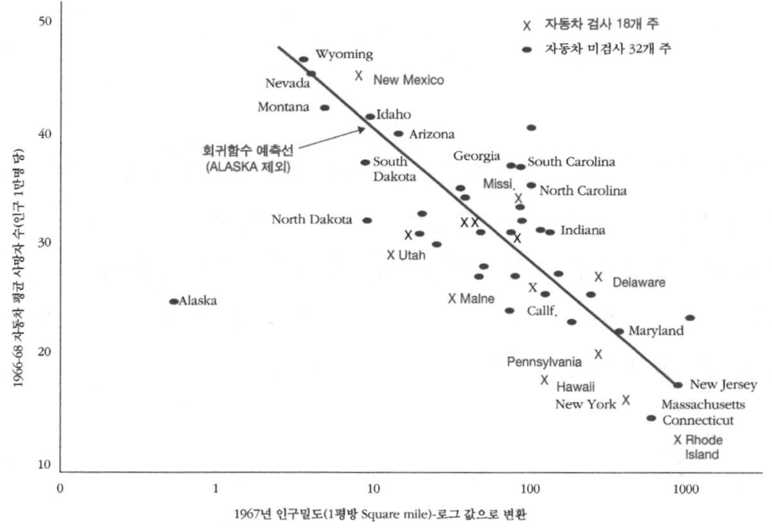

• 그림 2-16 인구밀도와 자동차 사망률의 회귀함수를 통한 예측치의 추정

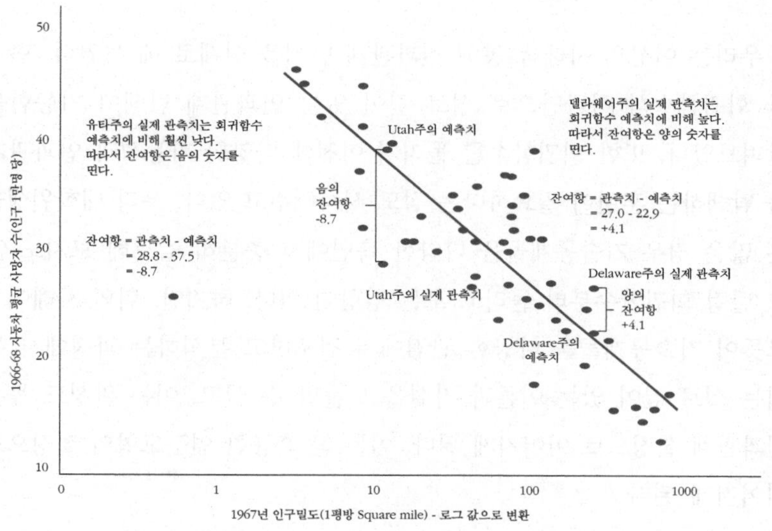

7) 회귀함수를 통한 설명과 예측

위 그림은 회귀함수 추정선을 보여주고 있다. 알래스카주는 너무도 예외적인 데이터여서 이를 제외하고 회귀예측선을 그려보았다. 인구밀도가 높을수록 자동차 사망률은 현저하게 감소하는 우하향 형태를 잘 보여주고 있다. 그것은 통계적 유의성이 매우 높은 수준이었다. 그렇다면, t-값은 얼마일까? 통계적 유의수준은 얼마나 높을까? 전체적인 설명력은 몇 %일까? 또한 구체적으로 인구밀도가 한 단위 높아질 때마다 자동차 사망률은 얼마나 감소하는 것일까? 이제 우리는 이를 설명하고 예측할 수가 있게 되었다.

8) 함의 및 시사점

우리는 이상의 사례를 통해 인과관계 탐색을 실제로 해 보았다. 단순한 회귀함수식 하나만으로 실로 깊이 있는 인과관계 탐색이 가능함을 살펴보았다. 또한 회귀함수를 돌리기 이전에 다양한 가능성과 인과관계를 탐색하는 훈련이 필요하다는 점도 시사해주고 있다. 우리 대학원생들은 많은 경우 기술통계들을 다양한 측면에서 충분히 검토해 보지도 않고 덜렁 회귀함수부터 돌리고 보는 경향이 있다. 하지만, 위의 사례에서 보듯이 기술통계들을 다양한 관점에서 검토하고 분석하는 과정에서 우리는 실로 깊이 있는 이론과 가설을 도출할 수 있고, 이는 완성도 높은 인과관계 설정으로 이어지게 된다. 이는 곧 훌륭한 연구모형의 설정으로 이어지게 된다.

제5절 다양한 계량 방법론들

위에서도 일부 토론이 나왔지만, 다양한 형태의 정책학 연구를 위해서는 다양한 형태의 계량모형이 필요하다. 연속적인 숫자를 주로 다루는 계량경제학과는 달리 정책학은 정치적 현상도 많이 다루게 되므로 정책현상에 걸 맞는 계량정책학적인 접근이 필요하다. 물론 회귀모형이나 구조방정식모형은 매우 중요한 근간을 이루되, 다양한 형태의 정책분석이나 미래예측을 위해서는 다양한 형태의 계량모형을 사용해야 한다.

1) Horizon Model

정책분석에 있어서 시간의 고려는 매우 중요하다. 예컨대, 단기, 중기, 장기를 예측하는 모형으로서 Horizon모형[2)]을 생각해 볼 수 있다. 아래 그림은 스마트 시티에 대한 바람직한 접근방안을 연구하는 모형으로서 Future Horizon을 도입한 모형이다. 향후 5년간 가장 발생할 가능성이 높은 요인들을 단기요인으로 Horizon 1에 포착하였고, 그 뒤 10년간 발생할 가능성이 높은 요인들을 중기요인으로 Horizon 2에 설정하였으며, 마지막으로 그 뒤 15년간 발생할 가능성이 높은 요인들을 장기요인으로 Horizon 3을 예측하였다. 그림에서 보듯이 중기, 장기 커브들은 초기 5년간은 미약한 신호를 나타내지만, 중기, 장기에 가서는 강력한 신호로 나타난다. 가령, 단기적 요인으로는 1인가구의 증대, 스마트시티의 상업화, 직접 디지털 민주주의 방식의 증대 등을 들 수 있지만, 중기적으로는 스마트 지식사회로의 심화, 장생사회의 도래, 인구감소, 가상현실기술의

• 그림 2-17 Future Horizon 분석

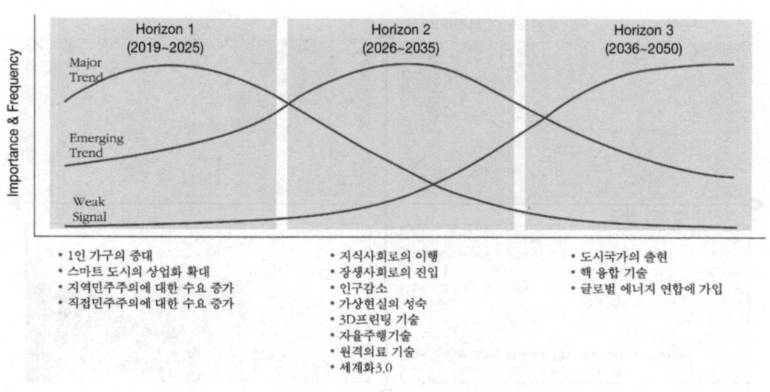

* 윤기영, 2018, 스마트시티의 미래와 거버넌스, 성균관대학교 국정전문대학원.

성숙, 3D 프린팅, 자율주행차, 드론 택시 등 신기술의 심화 등의 요인들이 나타나고, 마지막으로 장기요인으로는 도시국가의 출현, 핵 융합기술의 발전, 세계 에너지 그리드의 등장 등이 나타날 수 있을 것이다.

2) Scenario Planning

미래사회가 복잡다단하게 전개되면서 정책분석에 있어서 시나리오 분석기법의 사용도 점점 더 활기를 띨 것이다.[3] 시나리오는 미래예측의 도구로서 미래에 일어날 가능성을 다양한 형태로 도식화한 것이다. 가령, 아래 그림은 과연 미래에 스마트 시티가 어떤 형태의 시나리오로 전개될 것인지를 4가지 형태로 모형화한 것이다. 여기에서 X축은 도시의 수평적 확장이고, Y축은 기후변화 대응의 성공 정도를 나타낸다. 도시의 수평적 확장도 성공적으로 진행되고, 지금 일어나고 있는 기후변화에도 적극적으로 대응할 경우에 예상 가능한 시나리오는 1사분면의 그림으로 나타난다. 사람들은 쾌적한 자연환경과 기술이 어우러진 가운데 행복한

• 그림 2-18 시나리오 분석: 스마트도시의 미래

삶을 즐기고 있다. 하지만 도시의 수평적 확장에 성공하지 못한 형태인 4사분면의 경우에는 도시의 기계화에 질식되고 숨 막힐 듯한 삶의 형태로 나타난다. 기후변화에 적절히 대응하지 못한 2사분면의 경우에는 도시 분리 현상이 나타나 양극화가 심화되는 가운데 옥토에 사는 사람과 사막에 버려진 난민들의 투쟁이 고조될 가능성이 있으며, 도시의 수평적 확장마저 성공하지 못한 3사분명의 경우에는 슬럼가, 도시빈민가의 확대 등으로 미래의 삶은 걷잡을 수 없는 폐허의 상태로 진입할 수 있다.

3) 요인분석의 모형들

요인분석도 잘 활용할 필요가 있다. 요인분석은 컴퓨터(통계패키지)로 하여금 데이터의 구조와 패턴을 확인하여 그들 간에 존재하는 공통요인을 발견해서 유형화하라고 지시하는 것을 말한다. 요인분석을 돌리기 전

• 그림 2-19 요인분석

사회적 Social	• 지식사회로의 이행 • 인구감소의 심화 • 1인가구 증대: 가족 개념의 변화
기술적 Technological	• 가상현실 • 3D 프린팅 기술 • 자율주행 및 드론 택시의 도입
경제적 Economic	• 원격근무 및 원격의료 • 세계화 3.0 • 스마트 도시의 상업화 확대
환경적 Environmental	• 기후변화 • 핵 융합 기술 • 글로벌 에너지 연합에 한국 가입
정치적 Political	• 지역민주주의 확대 • 직접민주주의 확대 • 자급자족 도시국가 출현

에 일정한 요인들로 유형화해 보는 것도 중요한데, 그러한 방법론으로는 STEEP 모형[4)]이 있다.

아래 <그림 2-20>에서 보듯이 STEEP란 SOCIAL, TECHNOLOGICAL, ECONOMIC, ENVIRONMENTAL, POLITICAL의 머리글자를 따서 만든 것이다. 즉, 사회적, 기술적, 경제적, 환경적, 정치적 요인들을 요인별로 정리한 것이다. 사회적 요인으로는 1) 지식사회로의 이행, 2) 인구감소

• 그림 2-20 요인분석: 세부 요소

유형	세부 요소	수평적 확장	자연 친화적	노인 친화적	지식 클러스터	도시화 집중
Social	지식사회로의 이행		+		+	
	인구감소의 본격 심화		+	+		
	장생사회로의 진입					+
	1인 가구 증대					−
Technology	가상현실	+	+			+
	3D 프린팅 기술	+				
	자율주행 및 드론 택시	+		+		+
Economy	원격근무 및 원력의료	+	+			+
	세계화 3.0				+	
	상업화	+				
Environment	기후변화	+	+			+
	핵 융합 발전 기술					−
	글로벌 에너지 연합					−
Political	지역민주주의				+	
	직접민주주의					+
	도시국가	+			+	

* 윤기영, 2018, 스마트시티의 미래와 거버넌스, 성균관대학교 국정전문대학원.

국면으로의 본격 진입, 3) 장생사회로의 진입, 4) 1인 가구 형태의 증가를 들 수 있고, 기술적 요인으로는 1) 가상현실, 2) 3D 프린팅 기술, 3) 자율주행차와 드론택시의 등장을 들 수 있다. 경제적 요인으로는 1) 원격의료, 2) 세계화 3.0, 3) 스마트 도시의 상업화 경향이 있으며, 환경적 요인으로는 1) 기후변화, 2) 핵 융합발전 기술, 3) 글로벌에너지연합기구에 한국 가입이 있다. 마지막으로 정치적 요인으로는 1) 지역민주주의, 2) 직접민주주의, 3) 자급자족형 도시국가의 출현 등을 들 수 있다.

이러한 다섯 가지 수직적 요인들을 다시 다른 측면의 다섯 가지 수평적 요인들과 결합하여 연구해 볼 필요도 있다. 아래 그림에서 보듯이, 다섯 가지 수평적 요인이란 1) 수평적 확산, 2) 자연친화적 접근, 3) 노인친화적 접근, 4) 지식클러스터, 5) 도시화 집중 정도인데, 이러한 5x5 차원의 교차영향분석을 통해 상호간의 증가 및 감소의 경향을 파악해 볼 수 있다.

이러한 요인분석을 또 다른 형태로 진행하여 잠정 결론을 도출할 수 있는데, 그것은 스마트 시티 역량 강화를 통해 전반적인 거버넌스 역량을 증가시킬 필요가 있다는 점이다. 스마트 시티 정책역량은 다시 요소적으로 1) ICT 기술 역량, 2) 법률 및 관리역량, 3) 연구역량, 4) 산업 및 경제역량, 5) 미래대응역량, 6) 재난관리 및 안전역량 등으로 구분하고, 이러한 요소들이 정부－기업－시민사회의 거버넌스 세 분야와 어떻게 연결되어 있는지를 살펴봄으로써 전체 역량을 증진시킬 수 있다(<그림 2－21－a> 참조). 그리하여 우리의 결론은 1) 개발자의 이익에 부합하는 상업적 도시가 아니라 지역 주민의 이익 및 수요에 부합하는 형태로 개발해야 하고, 2) 정책대응역량의 기민성을 확보하는 가운데, 3) 장기적 관점과 디자인 미학을 확보함으로써 전체적으로 스마트 도시 역량을 강화할 필요가 있다는 점을 도출할 수 있다(<그림 2－21－b> 참조).

• 그림 2-21-a 스마트시티 정책 및 거버넌스 역량

정책 역량	시민	기업	정부
ICT 기술		✔	✔
법률 및 관리역량	✔	✔	✔
연구역량		✔	✔
산업 및 경제역량		✔	
미래대응역량	✔	✔	✔
재난관리 및 안전역량			✔

• 그림 2-21-b 스마트시티 역량 제고를 위한 정책분석의 중요성

* 윤기영, 2018, 스마트시티의 미래와 거버넌스, 성균관대학교 국정전문대학원.

제6절 요약: 학술적 화두와 정책분석

정책 분석은 “나누고 쪼갠다”는 의미를 지니고 있으며, 그 핵심은 원인과 결과의 메커니즘을 밝히는 인과관계의 규명에 있다.

대학원은 학문의 진리를 탐구하는 곳이며, 이를 발견하기 위해 우리는 다양한 시뮬레이션을 하게 된다. 하지만 방법론에 앞서 가장 중요한 것은 나는 여기에 왜 있는가에 대한 질문이며, 그것은 학술적 화두 ACADEMIC PUZZLE로 이어진다.

독립변수와 종속변수는 선형적 관계인가? 비선형적 관계인가? 한 개의 요인이 유독 강하게 나타나는가, 아니면 여러 개의 요인들이 상호 복합적으로 작용하는가? 그것은 심리적 요인인가, 구조적 요인인가, 환경적 요인인가? 그 중 정부가 개입하여 통제할 수 있는 요인은 무엇인가?

이처럼 우리는 과학적 탐구의 지식을 동원하여 가장 적합한 인과 구조를 밝혀내고자 노력해야 하며, 이를 통해 우리 사회에 선한 영향력, 즉 밝은 빛을 밝히고자 해야 한다.

제2부

정책학의 경제학적 접근

DEEP THEORY OF POLICY SCIENCE

■ 제3장 계량분석을 이용한 정책분석

3 계량분석을 이용한 정책분석[5)]

사회과학의 꽃은 통계학이다. 계량분석이 전제되지 않고서 사회과학을 논할 수 없다. 통계학이라는 학문이 발달되기 이전, 중세나 조선시대에 2×2단순한 2 by 2 Table 변수 이상의 사고나 이론을 전개할 수 있었을까? 오직 철학이나 형이상학적 원리에 대한 깊은 탐구는 가능했을지 몰라도 사회현상에 대한 문제 해결형 연구는 거의 불가능했을 것이다. 20세기에 들어와 행태과학혁명behavioral revolution이 일어나면서 비로소 사회나 자연에 대한 실증적 연구가 가능하게 되었다. 물론 지나친 통계나 숫자, 계량에만 의존하는 좁은 의미의 행태주의는 비판받아 마땅하지만, 계량혁명이 없었다면 논리적 실증주의에 기반한 문명의 발전도 없었을 것이다. 따라서 현대문명과 학문발전의 백미白眉는 행태과학의 혁명적 발전에 있었으며, 고급 통계분석의 발전으로 인해 인간 사고의 지평과 분석은 이전 시대와 비교할 수 없을 정도로 깊어졌다. 이러한 관점에서 이 장에서는 정책분석의 심층연구를 위해 꼭 필요한 다양한 형태의 고급 계량기법에 대해서 고찰해 보고자 한다.

제1절 기초 통계분석

가설검증

1) 개념 및 특성

가설이란 학술적 질문academic puzzle을 원인과 결과의 진술문 형태로 표현하는 것이다. 보통 "A가 ~하면 B가 ~할 것이다"와 같은 형태를 띤다. 이를 확률 통계적으로 판단하여 가설의 옳고 그름을 따져 보는 것을 검정檢定 혹은 검증檢證[6]이라고 한다.

모집단에서 표본을 추출한 후 표본을 통해 얻는 정보에 따라 모집단의 모수에 대해 추론한다. 가령, 모집단에 존재하는 X와 Y의 관계에 대해 상관관계가 없다고 추론하는 귀무가설: $\beta=0$과 이에 대립하는 대립가설: $\beta\neq0$을 설정한 후 표본 정보에 따라 어떤 가설이 맞는지를 결정하는 통계적 절차가 있다고 하자. 이때 $\beta\neq0$처럼 양측방향의 검증을 양측검증, $\beta>0$ 혹은 $\beta<0$처럼 크거나 작다를 결정하는 단측방향의 검증을 단측검증이라고 한다. 양측검증일 때는 주장이 단순($\neq$)하므로, 뒤에서 보듯이, 유의수준 α – 레벨을 5%로 높아도 무방하지만, 단측검증은 >(+), <(−)처럼 어느 한 방향으로 강하게 주장하는 것이므로 유의수준 α – 레벨을 2.5%로 낮게 잡아 보다 엄격하게 검증한다.

예를 들어, 우리나라 고등학생의 인터넷 게임 중독 원인을 탐구하기 위해 '학업 스트레스 수준이 높은 고등학생일수록 인터넷 게임 중독 정도가 심할 것이다'라는 가설을 세웠다고 하자. 연구자는 가설 검증을 위해 고등학생 남녀 1,000명을 설문 조사한 뒤 자료를 분석하고, 그 결과에 따라 자신이 세운 가설을 받아들이거나 거부할 것이다. 이 경우 학업 스트레스 수준은 X(독립) 변수, 인터넷 게임 중독 정도는 Y(종속) 변수가 되는 것이다.

다양한 가설검증의 방법이 있지만, 여기에서는 통계적 측면에서 모집단평균 및 분산에 대한 가설검증에 대해 다룬다. 먼저, '단일 모집단평균에 대한 가설검증(일-단일 표본 T 검증)'은 모집단이 하나인 경우 모집단의 평균(μ)이 어느 특정한 값($\tilde{a}$)이라고 알려진 상태에서 기존에 알려진 값($\tilde{a}$)과 다르다는 가설을 제시하고 이를 검증하는 과정이다(이훈영, 2008: 76). 두 모집단평균에 대한 가설검증(쌍대-독립표본 T 검증)은 모집단이 2개로서 모집단 간 서로 연계된 정보가 없어서 쌍대 비교가 불가능한 경우 주로 활용하는 검증과정이다(이훈영, 2008: 84). 검증방법은 각 모집단에서 쌍대-독립표본을 추출하여 구한 표본평균을 비교한다.

다음으로 분산분석ANOVA: analysis of variance은 분산 값의 비율을 활용하여 집단 간 차이를 검증하는 과정이다(이훈영, 2008: 127). 분산이란 표준편차의 제곱 값으로서 분석대상인 자료들이 평균으로부터 얼마나 들쭉날쭉fluctuating한지의 정도를 나타낸다. T 검증은 일반적으로 2개의 집단인 경우 집단 간 차이를 검증하는 방법이라면, F 검증(분산분석)은 집단이 3개 이상인 경우에 집단 간 평균차이를 동시에 비교하고 검증하는데 활용된다.

2) 분석사례 및 함의

(1) 사례개요

국토교통부에서 시행한 2019년도 주거실태조사 자료를 토대로 가설

검증을 실시해 보았다. 최근 무주택자의 주거문제가 중요한 사회문제로 대두되는 가운데, 일반적으로 “무주택 가구주의 성별에 따라 주거환경 만족도가 다르게 나타날까?”에 대한 가설과 “가구소득에 따라 주택소유 의지는 다를까?”에 대한 가설검증을 실시해 보았다. 무주택 가구주란 자기 소유의 주택이 없는 세대주를 말한다. 청년들의 좌절감이 커지고 저출산 문제와도 연관되면서 무주택 가구주의 주거문제가 우리 사회의 중요한 문제로 등장하게 된 것이다.

검증을 위해 변수로서 무주택 가구주의 성별(0=여성, 1=남성)과 주거환경만족도(1점=매우 불만족~5점=매우 만족), 가구의 월 평균소득(1= 0~100만원, 2=101만원~200만원, 3=201만원~300만원, 4=301만원~400만원 5=400만원 초과), 주택을 소유하고자 하는 의지(0=없음, 1=있음)를 활용하였다.

가) 일(단일) 표본 T 검증

집단 간 평균값에 차이가 있는지를 통계적으로 검증하는 것은 T검증을 활용한다. 무주택 가구주는 성별에 따라 차이가 있을지 검증하였다. 무주택 가구주라는 단일 모집단에서 남자의 비율과 여자의 비율을 검증하는 것이기에 일(단일) 표본 T 검증이라고 한다.

검증결과, 남녀 간의 차이는 나타났고, 통계적 유의수준이 0.000으로 확인되어 α-레벨 0.05(5%) 이하이므로 무주택 가구주는 성별에 따라 통계적으로 유의미한 차이가 있다고 결론 내린다.

통계적 유의수준significance level 혹은 α-레벨 5%는 통상적인 커트라인이다. 이 보다 수치가 작을 경우(단측검증의 경우 5%, 양측검증의 경우 2.5%), T 값은 정규분포에서 양극단에 위치하게 된다. 정규분포의 중간이 귀무가설(H_0): $\beta=0$(혹은 $\mu_1=\tilde{\alpha}$)이므로 양극단에 위치한다는 의미는 귀무가설을 기각, 즉 양 변수 간에는 통계적으로 유의미한 차이가 있다고 결론

• 표 3-1 일(단일) 표본 T 검증

일표본 통계

	N	평균	표준편차	표준오차평균
가구주성별	12518	.6773	.46751	.00418

일표본 검정

	검정값 = 0					
	t	df	유의수준 (양쪽)	평균차이	차이의 95% 신뢰구간	
					하한	상한
가구주성별	162.101	12517	.000	.67734	.6692	.6855

을 내리는 것이다. 따라서 이런 경우에는 X와 Y가 관계가 없다는 귀무가설(H_0)을 기각하며, 무주택 가구주는 성별에 따라 통계적으로 유의미한 차이가 있다고 결론을 내리게 되는 것이다.

나) 쌍대(독립) 표본 T 검증

가구주의 성별에 따라 주거환경만족도에 차이가 있는지 확인하기 위해 쌍대표본-독립표본 T 검증을 실시한다. 앞서 언급한 바와 같이 가구주 성별의 '0'은 여성, '1'은 남성을 의미하며, 주거환경만족도는 매우 만족하는 경우 5점부터 매우 만족하지 않는 경우를 1점으로 하는 변수를 활용하여 검증을 실시하였다. 여성 가구주로 이루어진 모집단과 남성 가구주로 이루어진 2개의 모집단에서 각각 표본을 추출하므로 쌍대(독립) 표본 T 검증이라고 한다.

검증결과, 여성 4,039명, 남성 8,479명인 것을 확인할 수 있었으며, 여성의 주거환경만족도 평균은 2.94점, 남성 주거환경만족도 평균은 2.92점으로 나타났다. 남성 무주택 가구주보다 여성 무주택 가구주가 0.02점 주거환경만족도가 높다는 결과를 보여준 것이다.

그렇다면 여기서 0.02점이라는 점수는 큰 차이일까, 작은 차이일까?

• 표 3-2 그룹통계

	가구주성별	N	평균	표준편차	표준오차평균
주거환경만족도 전체평균	.00 1.00	4039 8479	2.9481 2.9268	.38377 .40083	.00604 .00435

이건 자료의 분산variance에 따라 판단이 달라진다. 통계학이 필요한 이유는 이 지점이며, 분산(표준편차)에 기초한 T값(유의수준)으로 판단을 내리는 것이다. 우리가 추출하는 데이터의 양태에 따라 판단이 달라질 수밖에 없는데, 통계학은 그 기준을 분산(표준편차)이라는 계산을 통해 표준화시킨 답을 제시해 주고 있다.

아래 그림에서 확인할 수 있듯이, 'Levene의 등분산 검증'의 검증통계량 값인 F 값은 4.087이며 유의수준은 0.043으로 나타났다. 유의수준이 0.05보다 작게 나타났기 때문에 두 모집단인 주거환경만족도와 성별의 분산이 차이가 없다는 귀무가설을 기각, 즉 통계적으로 유의미한 차이가 있다고 결론을 내리게 되는 것이다. 다시 말해, 유의수준이 0.05(5%)보다 작게 나타났으므로 통계적으로 유의하다고 볼 수 있으며, 가구주의 성별에 따라 주거환경만족도에 통계적으로 유의미한 차이가 있음을 확인할 수 있었다. 물론 유의수준 5%는 절대적인 기준은 아니지만 통계적인 표준으로 사용되고 있음을 받아들여도 좋을 것이다.

• 표 3-3 쌍대(독립) 표본 T 검증

		Levene의 등분산 검정								
		F	유의수준	t	df	유의수준(양쪽)	평균차이	표준오류편차	차이의 95% 신뢰구간	
									하한	상한
주거환경 만족도 전체평균	등분산을 가정함	4.087	.043	2.807	12516	.005	.02122	.00756	.00640	.03604
	등분산을 가정하지 않음			2.850	8262.361	.004	.02122	.00744	.00663	.03581

다) 분산분석 F 검증

무주택 가구주의 월평균소득에 따라 주택을 소유하고자 하는 의지가 있는지 확인하기 위해 분산분석 F 검증을 실시한다. 모집단이 하나 혹은 둘일 경우에는 T 검증을 셋 이상일 경우에는 F 검증을 시행한다.

먼저, 분산의 차이가 있는지 확인하기 위해 분산의 동질성을 검증하는 과정을 진행한다. 검증결과 아래 등질성 검정에서 보듯이, 유의수준이 0.000으로 0.05(5%)보다 작게 나타났으므로 분산의 차이가 있는 것으로 판정한다. 또한, 분산 분석 결과를 보면, F 값이 43.401, 유의수준이 .000으로 0.05(5%)보다 작게 나타났으므로 무주택 가구의 월평균소득에 따라 주택을 소유하고자 하는 의지의 차이가 통계적으로 유의미하다고 결론내릴 수 있다.

구체적인 가구 월평균 소득에 따라 주택소유의지가 어떻게 나타나는지 확인하기 위해 사후검증을 실시했다. 주택소유의지(표의 주택보유의식)는 가구 월평균 소득이 100만원 이하인 유형과, 101만원~200만원인 유형이 하나로 묶였으며, 201만원~300만원인 유형이 하나, 301만원~400

• 표 3-4 F 검증: 동질성 검증 및 분산 분석 결과

분산의 등질성 검정

주택보유의식

Levene 통계	df1	df2	유의수준
187.887	4	12513	.000

분산분석

주택보유의식

	제곱합	df	평균	F	유의수준
그룹 사이	37.476	4	9.369	43.401	.000
그룹 내	2701.151	12513	.216		
총계	2738.627	12517			

• 표 3-5 사후검증 결과

주택보유의식

Scheffe[a,b]

가구월평균소득	N	알파의 서브세트 = 0.05		
		1	2	3
1.00	2620	.6141		
2.00	2232	.6268		
3.00	3341		.6699	
4.00	2341			.7322
5.00	1984			.7616
유의수준		.924	1.000	.304

동일 서브세트에 있는 그룹의 평균이 표시됩니다.
a. 조화 평균 표본 결과 = 2426.926을(를) 사용합니다.
b. 그룹 크기가 서로 같지 않습니다. 그룹 크기의 조화 평균이 사용됩니다. 유형 1 오류 수준이 보장되지 않습니다.

만원인 유형과 400만원 초과인 유형이 하나로 묶여 세 집단으로 분류되었다. 즉, 가구 월평균 소득에 따라 세 집단의 주택소유의지는 차이를 보인다는 것을 확인할 수 있었다. 통계적으로 유의미한 수준이다.

(2) 결과 및 함의

이처럼 일(단일) 표본 T 검증, 쌍대(독립) 표본 T 검증, 분산분석 F 검증의 방법으로 아래의 세 가설을 검증하는 과정을 가졌다.

가설 1: 무주택 가구주는 성별에 따라 차이를 보일 것이다.
가설 2: 무주택 가구주의 성별에 따라 주거환경만족도에 차이가 있을 것이다.
가설 3: 무주택 가구주의 가구월평균소득에 따라 주택소유의지에 차이가 있을 것이다.

먼저, [가설 1]을 검증하기 위해 일(단일) 표본 T 검증과정을 실시하였다. 그 결과, 성별에 따라 차이가 있음을 확인할 수 있었다.

둘째, 가구주의 성별에 따라 주거환경만족도의 차이가 있는지 [가설 2]를 검증하기 위해 쌍대(독립) 표본 T 검증과정을 실시하였다. 그 결과, 남성 가구주보다 여성 가구주가 갖는 주거환경만족도가 상대적으로 높다는 결과를 확인했다. 같은 무주택 가구주라 할지라도 성별에 따라 가구주가 갖는 주거환경만족도에 차이가 있음을 시사한다.

셋째, [가설 3]을 검증하기 위해 무주택 가구주의 월평균소득에 따라 가구주의 주택소유의지에 차이가 있는지 알아보기 위해 분산분석 F 검증을 실시하였다. 분석결과, 가구월평균소득이 많고 적음에 따라 주택소유의지가 다르게 나타나고 있음을 확인할 수 있었다.

이처럼, 연구자가 검증하고자하는 가설의 특성에 따라 T 검증(일-단일 표본 혹은 쌍대-독립 표본) 혹은 세 집단 비교를 위한 F 검증의 방법을 활용하여 연구자가 설정한 가설을 검증하고 나아가 정책을 분석하는 데 활용할 수 있다.

기술통계분석: SCATTER PLOT, RESIDUAL PLOT 분석

1) 개념 및 특성

기술통계란 본격적인 회귀분석에 들어가기 전에 표본의 속성을 파악하는 데 주안점을 두는 통계 방법이다. 흔히 기술통계분석의 과정을 가볍게 여기는 경향도 있으나, 연구자가 활용하는 데이터의 속성을 파악하는 데 필수적이며, 이를 통해 데이터 속성에 타당한 고급 통계분석모형의 적용이 가능해진다.

기술통계분석의 대표적인 방법으로는 산점도 분석SCATTER PLOT과 잔차 분석RESIDUAL PLOT이 있다. 산점도SCATTER PLOT는 두 가지 변수의 순서쌍을 좌표에 표시한 도표로서, (x_1, y_1), (x_2, y_2), (x_3, y_3) … (x_n, y_n)을 평면에 표시된 형태의 그래프이다.

잔차 분석RESIDUAL PLOT이란 뒤에서 다룰 '회귀분석'에서 종속변수 y와 그 예측값 $\hat{y}$의 차이를 잔차Residual라고 하는데, 이 잔차의 크기와 패턴을 분석하는 것을 말한다. 회귀분석에는 일정한 가정이 있는데, 이들은 잔차 $\hat{e}$의 패턴 분석을 통해 검토할 수 있다. 가령, 회귀분석의 잔차들은 동분산Homoscedasticity이어야 하며, 상호 독립적으로서 시계열적인 상관관계Serial Correlation가 없어야 하는 바, 잔차 분석RESIDUAL PLOT을 통해 이들을 종합적으로 분석할 수 있다.

2) 분석사례 및 함의

(1) 사례개요

가) 산점도(SCATTER PLOT)

2019년도 주거실태조사자료를 토대로 산점도 분석SCATTER PLOT을 실시했다. 가령, 무주택 가구의 월평균소득에 따라 가구의 총 부채는 얼마나 있는지 알아보기 위해 산점도 분석SCATTER PLOT을 활용할 수 있다. 아래 그림은 산점도 분석SCATTER PLOT 결과 나타난 산점도 분포도이다. X축은 가구의 월 평균 소득을 의미하며, Y축은 가구 총 부채를 의미한다.

그림에서 보듯이, 예측선 상하로 분산(표준편차)이 심하게 흩어져 있음을 볼 수 있다. 이런 경우는 X축 변수(월 평균 소득)와 Y축 변수(총 부채) 사이에 통계적 유의미성이 거의 없는 것으로 나타나게 된다.

• 그림 3-1　산점도(SCATTER PLOT) 분포도

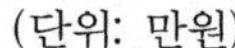

(단위: 만원)

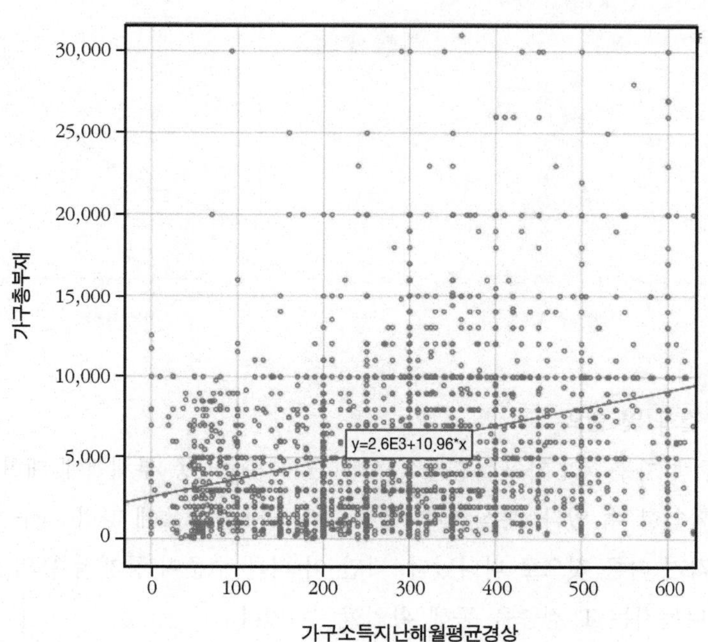

나) 잔차분석(RESIDUAL PLOT)

무주택 가구주의 월평균소득이 가구 총부채에 영향을 미치는지 알아보기 위한 회귀 분석과 더불어 잔차 분석을 실시했다.[7] 왼쪽 그림은 가구총부채 표준화 잔차 히스토그램이며, 곡선모양으로 정규분포를 나타내고 있다. 오른쪽 그림은 정규 P－P 도표인데, 잔차들이 표준 정규분포를 이룰 경우 45도 실선 위에 점들이 찍히게 된다. 굵은 선들은 실선을 따라 비교적 고르게 분포되어 있으므로 이 경우는 정규분포를 이루고 있다는 것으로 판단할 수 있다.

• 그림 3-2 잔차 히스토그램 및 정규 P-P 도표

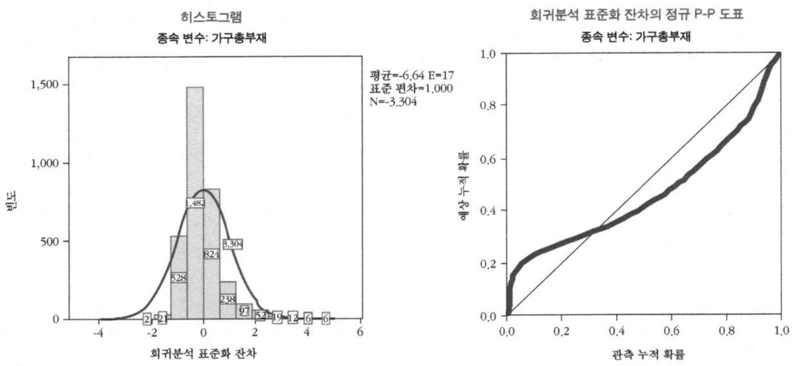

(2) 결과 및 함의

무주택 가구주의 가구월평균소득에 따라 가구의 총 부채액에 대한 분포를 확인할 수 있다. 분석결과, 각 가구의 월평균소득에 따라 가구총부채가 각기 다른 것으로 나타났다. 다만 이 다른 수준이 통계적 유의미성을 지니는지는 T 검증을 통해 확인할 수 있다.

이처럼 연구자가 두 변수 간의 분포를 알아보고자 할 때 산점도 분석 SCATTER PLOT을 통해 표본의 특성을 보다 정확히 파악할 수 있다. 또한, 잔차 분석RESIDUAL PLOT을 통해 종속변수 y와 그 예측값 $\hat{y}$의 차이인 잔차 ê의 패턴들을 검토할 수 있다.

더 나아가 적용해야 할 방법론이 선형인지 비선형 모형인지의 여부도 사전에 검토할 수 있다. 가령, 선형 회귀함수가 적합할지, 아니면 비선형 회귀함수가 적합할지의 여부를 미리 판단할 수 있으며, 연수변수로서 정규분포모형을 적용할지, 불연속변수로서 이항 혹은 포아송 분포를 사용할지, 아니면 더 나아가 절단된 모형으로서 TOBIT과 같은 모형을 사용할지의 여부를 미리 판단할 수 있게 해 주는 것이다. 이는 고급 통계분석의 적용 및 이를 통해 연구의 신뢰성과 타당성을 높이는 데 결정적인 기여를 하게 된다.

잠재집단분석

1) 개념 및 특성

잠재집단분석Latent Class Analysis이란 표본 집단의 데이터를 토대로 그 안에 포함된 공통 유형의 집단들을 추출해 내는 분석이다. 군집분석Cluster Analysis과 유사하지만, 분산의 동질성, 선형성, 정규성과 같은 통계적 가정을 하지 않아도 된다는 점에서 더욱 유용하다(박미경·조민효, 2014).

잠재집단을 결정하는 방법은 집단 1개에서 출발하여 집단의 개수를 한 개씩 증가시켜 최적의 잠재집단을 찾는 탐색적인 과정으로 이루어진다. 단계적이고 반복적인 과정 속에서 최종 잠재집단 개수는 적합도 지수AIC, BIC, SSABIC와 Entropy 지수 등을 근거로 결정하게 된다.

적합도 지수는 Entropy 지수 외에도 AICAkaike's Information Criteria, BIC Bayesian Information Criteria, SSABICSample-Size Adjusted BIC 등이 있다. 먼저, AIC, BIC, SSABIC 지수는 적을수록 모형의 적합도가 좋다. 한편, Entropy 지수는 0에서 1까지의 범위를 가지며, 1에 가까울수록 모형의 적합도가 좋다Jedidi et al., 1993.

2) 분석사례 및 함의

(1) 사례개요

복지정책에 있어서 국민들의 태도는 복지 수혜대상을 선정하는 데 매우 중요한 기준이다. 이에 아래 사례에서는 한국인의 복지태도 유형들을 도출해내고 그 유형별 특징을 추출하고자 한다. 국민의 복지태도를 유형화하기 위해, '보육복지, 노인복지, 장애인 복지'에 대한 태도를 3가지로 구성하였다.

(2) 결과 및 함의

복지유형을 파악하기 위해 잠재집단분석을 실시하였고, log-Likelihood, AIC, BIC, SSABIC, Entropy 등 적합도 지수를 통해 최적 모델을 선정하였다. 이 방법은 잠재집단이 2개인 모형에서 시작하여 잠재집단 수를 단계적으로 하나씩 늘려가는 방법을 사용하는데, 아래 표에서 보듯이, 2개 집단모형에서 3개 집단모형까지 AIC, BIC, 그리고 SSABIC 값이 감소하다가, 4개 집단모형부터는 증가하고 있다. AIC, BIC, SSABIC는 값이 적을수록 모형 적합도가 높기 때문에 3개 집단모형이 가장 적합한 것으로 결론 내린다. 도표에서 보듯이, Entropy 지수의 경우 2개 집단모형이 0.896으로 가장 높게 나타났지만, AIC, BIC, SSABIC 등을 종합적으로 고려할 때, 3개 집단모형이 가장 적합한 것으로 판정한 것이다(3개 집단모형의 AIC, BIC, SSABIC 지수가 가장 작으며, 2개 집단모형보다 작다는 점을 확인하기 바란다).

• 표 3-6 잠재집단분석 결과

잠재집단	log-Likelihood	df	AIC	BIC	SSABIC	Entropy
2	-4733.812	1506	1597.632	1740.188	1648.082	0.896
3	-4429.065	1491	1018.138	1234.429	1094.682	0.844
4	-4416.905	1476	1023.818	1313.846	1126.458	0.719

집단중심추세분석[8)]

1) 개념 및 특성

집단중심추세분석Group-based Trajectory Model은 분석 대상 집단의 고유한 추세들을 추적하여 시간에 따른 행동 유형을 집단으로 분류하고, 각 집단의 궤적 형태를 도출하는 방법론이다data-driven group identification and its trajectory finding. 각 집단의 궤적을 추적하기 위해 매년 반복적으로 측정된 종단자료인 패널 자료를 사용해야 하며, 이 방법론을 사용하면 시간의 흐름에 따라 변화 유형을 찾아 그들의 궤적 형태를 직접 추정할 수 있다. 즉, 주어진 데이터에 적합한 집단 및 그들의 궤적유형을 도출할 수 있다는 장점이 있는 것이다.

• 그림 3-3 집단중심추세분석 방법 및 절차

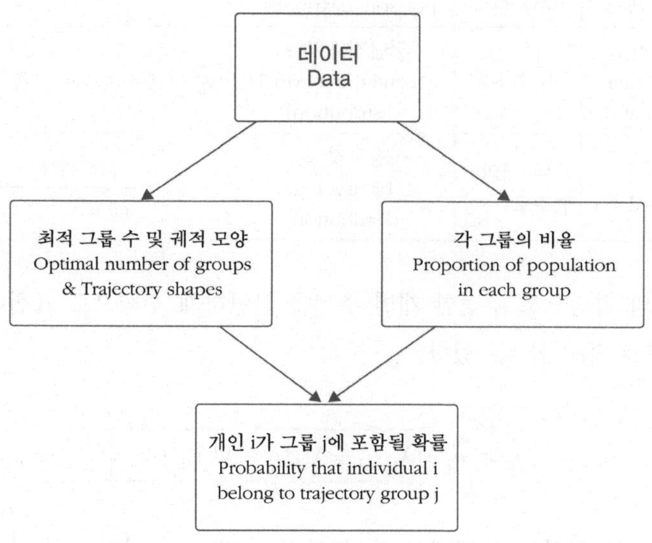

집단중심추세방법은 다음과 같은 절차로 이루어진다.

데이터를 분석하여 최적의 집단 수를 결정하고, 각 그룹의 궤적의 모양을 확인한다. 이후 모델의 측정치를 이용하여, 개인(i)이 그룹(j)에 포함될 확률을 계산한다.

본 방법론은 추세별 최적 궤적을 추정하고, 이에 따른 추세의 유형수를 결정한다. 이때 종속변수의 속성에 따라, 기간 내 발생한 단절적 횟수는 포아송 분포로 측정하고, 서열 형태의 범주형 변수는 절단정규 분포로 하고, 0과 1의 이항 분포로 구성된 변수일 때는 이항로짓 분포를 이용하여 시간에 따른 궤적 형태를 추정한다.

• 표 3-7 종속변수 속성별 추정분포

종속변수		추정 분포	추정 방정식
속성	특징		
순서형 (count data)	기간 내 발생 횟수	포아송 분포 (poisson distribution)	$\log(\lambda_{it}^{j}) = \beta_0^j + \beta_1^j Age + \beta_2^j Age^2$
심리 척도 (psychometric scale data)	서열변수	절단정규 분포 (centered normal distribution)	$y_{it}^{*j} = \beta_0^j + \beta_1^j Age_{it} + \beta_2^j Age_{it}^2 + \epsilon_{it}$
이분형 (binary data)	두 개의 범주로 측정	이항로짓 분포 (binary logit distribution)	$\alpha_{it}^{j} = \frac{e^{\beta_0^j + \beta_1^j Age_{it} + \beta_2^j Age_{it}^2}}{1 + e^{\beta_0^j + \beta_1^j Age_{it} + \beta_2^j Age_{it}^2}}$

이상의 설명으로 추정한 개별 추세를 간단하게 수식으로 표현하면 아래 식으로 정리할 수 있다.

$$y_{it} = a_i + \boxed{\lambda_t \beta_{1i} + \lambda_t^2 \beta_{2i} + \lambda_t^3 \beta_{3i} + e_{it}}$$

개인이 경험하는 추세에서 특정 시점 상태(y)는 시간(t)에 따른 개인

(i)의 상태가 되고 α는 개인의 절편이며, 람다(λ)는 시간, 베타(β) 1,2,3은 모형에 투입한 변수의 기울기, e는 오차항이다. 궤적을 보다 현실적으로 예측하기 위해선 시간 변수의 3차항cubic을 가정한다. 그 이유는 1차항, 2차항, 3차항이 모두 가능한 함수 형태를 반영할 수 있게 하기 위해서이며, 3차항이 나타나지 않을 때에는 계수 β_3가 0으로 표시되므로 가장 포괄적인 가능성을 반영하는 함수형태라고 보면 되겠다. 즉, 통시적인 변화의 궤적은 비선형적으로 변화하기 때문인데, 가령, 어떠한 상태의 수준은 시간에 따라 그 정도가 증가하다가 감소하거나, 감소하다가 증가하거나, 또는 변화가 없거나 그 변화의 방향성이 매 시점마다 전환 혹은 유지될 수 있기 때문에 이렇게 3차항 함수형태가 나타날 수 있는 가능성을 포함시켜 최적모형화한 것이라고 보면 된다.

베이지안 정보지수BIC: Bayesian Information Criterion를 진행하고 아래 3단계의 과정을 통해 분석의 모형을 결정한다. 1단계에서 모형 내 하위 집단의 수를 1에서부터 차례로 늘려가면서 모집단을 이질적인 추세를 가진 복수의 집단으로 분리한다. 이때 각 집단 모형의 BIC 값이 계산되는데,

• 그림 3-4 집단중심추세분석 방법 및 절차

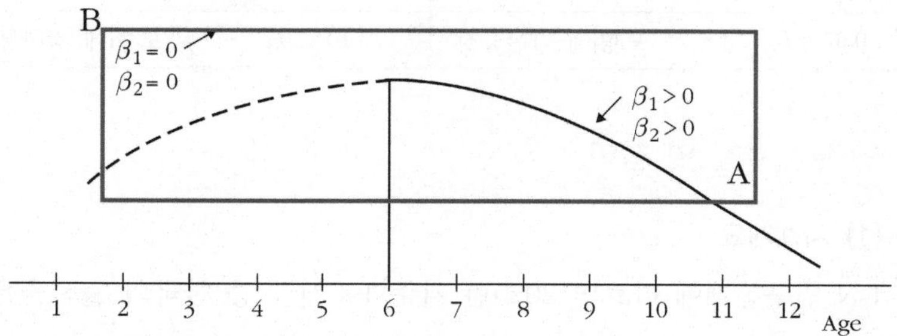

Figure 5. Two hypothetical trajectories. A = single peaked: B = chronic trajectory.

BIC 값이 0에 수렴하지 않는 모형까지 분리 작업을 지속한다. 2단계에서 각 모형 간 BIC 값 차이의 자연로그 값을 기준으로 최적모형을 선택한다. 3단계에서는 각 모형에 소속된 분석대상의 비중이 전체의 5% 이상 인지를 확인한다. 다만, 이상의 과정을 통해 선정된 모형이라 하더라도 모집단을 구성하는 집단 수에 대한 절대적 정답이라기보다는 모집단을 구성하고 있는 유형별 특성을 지닌 집단의 수를 추정한 결과라는 점을 감안해서 해석할 필요가 있다.

$$\mathrm{BIC} = \log(L) - 0.5^{*}\log(n)^{*}(k)$$

최적모형은 BIC값이 가장 적은 모형을 선택하며 통계적 검증 차원에서 모형간 BIC 값 차이의 자연로그 값을 활용하여 베이지안 정보지수 BIC: Bayesian Information Criterion를 토대로 BIC 값의 차이가 갖는 통계적 유의성을 평가한다.

Bayes factor	해석	Bayes factor	해석
$B_{ij} < 0.1$	모형j의 강한긍정	$1 < B_{ij} < 3$	모형i에 약한긍정
$0.1 < B_{ij} < 0.67$	모형j에 중간긍정	$3 < B_{ij} < 10$	모형i에 중간긍정
$0.67 < B_{ij} < 1$	모형j에 약한긍정	$10 < B_{ij}$	모형i에 강한긍정

2) 분석사례 및 함의

(1) 사례개요

UN 인구통계에 따르면 2020년 기준 198개국 중 한국의 출산율은 가장 낮은 것으로 나타났다. 또한 첫째아이 출산 연령도 한국이 가장 높은 것으로 나타났다. 이러한 현상이 나타나는 이유는 무엇일까? 저출산 고령화 문제는 한국을 소멸시킬 수도 있는 중차대한 정책문제이다. 이하에서 살펴 본 사례에서는 노동시장에 참여한 여성의 첫 출산 전후 노동시장의 이행유형을 도출하였다. 즉, 집단중심추세분석을 사용해서 여성들의 출산 전후 경력단절의 형태를 분석한 것이다.

(2) 결과 및 함의

집단중심추세분석은 시간의 변화에 따라 움직이는 집단유형을 도출하고, 데이터에 적합한 그들의 궤적을 추적하는 방법론이다. 본 연구에서는 데이터를 절단정규분포로 추정하고 집단중심추세분석을 실시하였다. 절단정규분포Truncated Normal Distribution이란 정규분포에서 변수의 음의 범위가 잘려진 형태를 의미하며, 위 77쪽의 <그림 3-4>처럼 정규분포이지만 왼쪽이 절단된 형태의 그림이라고 보면 된다. 경제학에서 다루는 변수는 소득, 저축, 소비처럼 연속변수가 많다. 이들은 가장 보편적인 형태의 정규분포를 그린다. 하지만 정책학에서는 인간의 심리 측정처럼 연속형 변수Continuous Variable가 아니라, 다항의 서열로 이루어진 범주형 변수Multinomial Order-based Category Variable를 다룰 때가 많다. 이럴 때에는 절단정규분포가 고려되어야 한다.

집단유형을 도출하기 위해서는 최적의 집단 수를 선택해야 하는데, 1집단 모형에서 시작하여 최적의 모형이 산출될 때까지 집단수를 늘리면서 각 집단의 BICBaysian Information Criteria 기준을 토대로 BIC 값이 가장 작은 모형을 최적 모형으로 선택하게 된다John and Nagin, 2001.

최종 분석결과, 여성의 노동시장 이행 유형은 5가지 모형으로 나타났다. 이들은 1) 지연된 경력단절형, 2) 출산 전 경력단절형, 3) 혼합 참여형, 4) 출산 직후 경력단절형, 5) 정규직 유지형이다. 부연 설명하면, 1) 경력단절이 단지 지연되다가 나타나는 형태, 2) 출산 전부터 경력 단절된 형태, 3) 혼합적 형태(정규직으로 일을 하지는 않지만, 시간제 파트타임 등으로 열악하게 일하는 형태), 4) 출산 직후 경력 단절된 형태, 5) 경력단절 없이 정규직을 계속 유지하는 형태 등이다.

이 중 2)과 4)의 출산 전 경력단절형(31.8%)과 출산 직후 경력단절형(24.2%)이 전체의 60% 이상을 차지하는 것으로 나타났다. 이는 출산이라는 사건event이 얼마나 여성들의 경력단절에 중요한 분수령이 되는 초점사건focusing event인가를 잘 말해주는 것이다. 이처럼, 집단중심추세분석을 사용하면 통계분석의 정교성을 높여준다. 또한 제안된 정책대안의 타당성을 높여준다. 예를 들어, 향후 정부에서는 이러한 경력단절 대책을 마련할 때 출산이라는 시점과 그 전후 사정을 세심히 고려해야 함을 말해주고 있다. 더 나아가, 이러한 정책을 고려할 때 여성들의 경력단절의 유형 및 행태를 잘 감안해야 한다는 점을 시사해주고 있다.

• 그림 3-5 집단중심추세분석 결과 모형: 여성 노동시장 이행의 5가지 모형

유형수	BIC		AIC	log likelihood
	N=12812	N=1608		
1	−12836.8	−12831.6	−12818.14	−12813.1
2	−11186.8	−11176.4	−11149.47	−11139.5
3	−10826.7	−10811.1	−10770.73	−10755.7
4	−10627.8	−10607.1	−10553.26	−10533.3
5	−10468.2	−10442.2	−10374.92	−10349.9
5−1	−10398.8	−10376	−10316.79	−10294.8
6	−10445	−10413.9	−10333.14	−10303.1

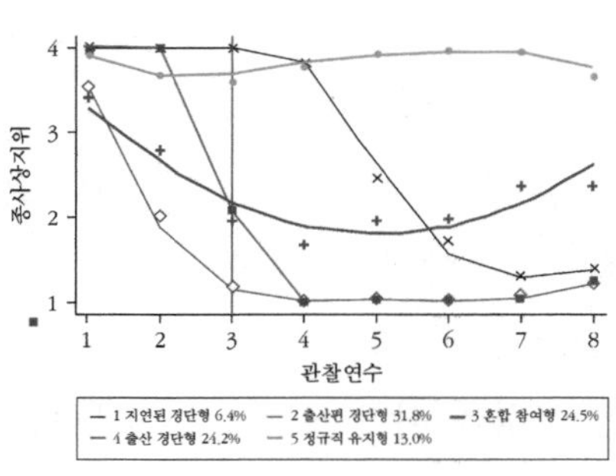

회귀분석

1) 개념 및 특성

회귀분석은 독립변수가 종속변수에 미치는 영향력의 크기를 파악하고, 이를 이용해서 독립변수의 일정한 값에 대응하는 종속변수 값을 예측하는 모형을 산출하는 방법이다(이훈영, 2008: 417). 이러한 회귀분석에는 하나의 종속변수와 하나의 독립변수 간의 관계를 분석하는 단순회귀분석simple regression analysis과 하나의 종속변수와 두개 이상의 독립변수들 간의 관계를 분석하는 다중회귀분석multiple regression analysis이 있다.

회귀모형은 5가지 가정을 전제로 한다.

첫째, 독립변수와 종속변수 간에 선형관계가 있는지 산점도scatter plot를 통하여 확인하여야 한다.

둘째, 오차항은 정규분포에 따라야 한다.

셋째, 오차항의 분산은 독립변수가 변하더라도 동일한 분산을 유지하여야 한다. 이 가정이 무시될 경우, 최소자승법에 의한 추정치는 효율적인 추정치가 되지 못한다.

넷째, 시계열자료의 경우 오차항들 간에는 상관관계가 없어야 한다. 이 가정이 성립되지 못할 때 자기 상관 혹은 계열 상관의 문제가 발생한다.

다섯째, 독립변수들 간의 상관관계가 없어야 한다. 이 가정이 무시될 경우, 독립변수들 간의 1차 함수관계인 다중공선성의 문제가 발생한다(김렬·성도경·이환범·이수창, 2008: 180).

실증 분석에서는 종속변수에 여러 개의 독립변수가 영향을 미치는 것이 일반적이다. 따라서 이와 같은 경우에 단순회귀모형을 설정한다면 모형의 설정이 정확하지 않게 되고, 종속변수를 설명하는데 중요한 독립변수들이 누락되기 때문에(누락변수로부터오는 오류: Left-out Variable Bias), 두 개 이상의 독립변수가 존재할 경우에는 다중회귀분석을 사용해야 한다(나영·박상규, 2009: 148).

독립변수가 여러 개인 다중회귀모형의 회귀식은 다음과 같이 나타낼 수 있다.

$Y = \alpha + \beta_1 X_1 + \beta_2 X_2 + ... + \beta_i X_i + \epsilon$

Y : 종속변수

α : 회귀식의 절편

$\beta_1 \sim \beta_i$: 각 설명변수의 계수

X_i : i번째 독립변수에 대한 관측치

ϵ: 오차항

회귀분석은 변수들 간의 선형관계를 추정하는 데 유용한 기법으로 독립변수와 종속변수 간의 관계의 형태와 크기를 정확히 추정하는 통계방법이라 할 수 있다.

회귀분석은 독립변수와 종속변수들 간의 관계의 형태에 대하여 요약된 측정치를 제공하기 때문에 모형의 설계 및 활용에 유용하다. 정책분석가는 회귀분석을 통해 변수 간의 인과관계를 확인할 수 있으며, 회귀분석은 어떤 독립변수가 종속변수의 원인인가를 정확하게 밝히게 한다는 점, 즉 원인변수와 결과변수를 구체화하게 한다는 점에서 큰 장점을 가지고 있다. 하지만 회귀분석에서는 적절한 모형 선택이 중요하다. 회귀분석에서는 특정자료가 일정한 모형을 따른다는 가정 하에 모수에 대한 유추를 하게 되는데, 적절한 모형을 선택하지 못하는 경우 가정이 성립하지 않으므로, 유추자체의 의미가 사라진다. 또한 설명력을 높일 수 있는 독립변수가 선택되어야 한다.

2) 분석사례 및 함의: 여성의 출산율과 경제활동참가율에 대한 미래 예측

(1) 사례개요

최근 출산율 저하가 사회적 이슈로 대두되면서 출산율 저하와 고령화 사회가 중요한 정책문제로 등장하고 있다. 일반적으로 여성의 경제활동 참가가 출산을 저해한다고 알려져 있다. 과연 여성의 사회경제활동참가와 출산율 간에는 어떤 상관관계가 존재하는 것일까?

가) 횡단면 분석

2001년 국가별 횡단면 분석(오른쪽 그래프)을 살펴보면 출산율과 여성

• 그림 3-6 출산율과 경제활동 참가율: 횡단면 분석

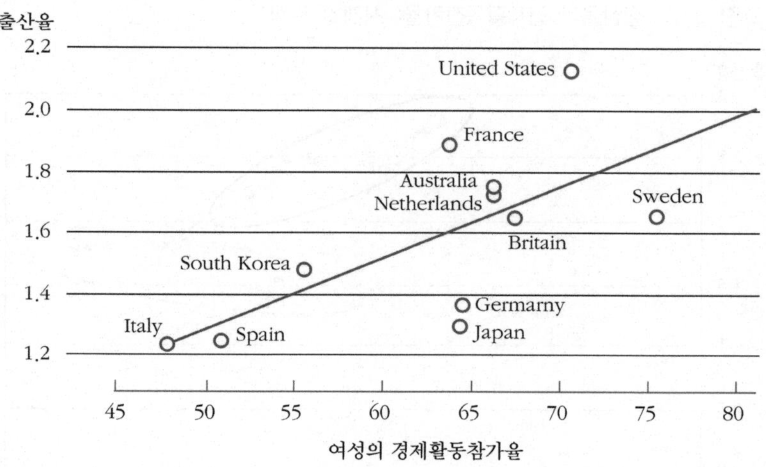

* X축: 여성의 경제활동참가율, Y축: 여성의 출산율
* 그래프 상에서 파란색 타원은 1970년의 횡단면 상태이며, 붉은색 타원은 1995년의 횡단면 상태를 나타냄.

출처: 일본국제지원정책처(Japan's Ministry of Internal Affairs and Communications).

자료: Ahn and Mira, 2002: 15, Fig. 4, 5를 재구성
http://blog.naver.com/puttyclay?Redirect=Log&logNo=40023779864

경제활동 참가율 간에는 양의 상관관계가 존재하고 있음을 알 수 있다. 출산율이 높은 나라일수록 오히려 여성의 경제활동 참가율이 높은 현상을 보여줌으로써 일반적 예상과는 빗나가는 결과를 보여주고 있다.

나) 시계열 분석

그래프의 화살표가 1970년과 1995년간의 시계열 분석 결과이다. 알려진 사실과 같이 시계열적으로 볼 때 여성의 경제활동참가율이 낮은 나라(A), 중간 수준인 나라(B), 높은 나라(C) 모두 경제활동참가율 상승과 함께 출산율이 떨어진 것을 확인할 수 있다. 또 한편 재미있는 현상은 1970년에 여성의 경제활동참가율이 높은 나라일수록(아마도 선진국이었을 것으로 추정된다), 출산율이 더 큰 폭으로 떨어져서, 1970년과 1995년 시계열 사이에는 역순이 존재한다는 것을 확인할 수 있다.

• 그림 3-7 출산율과 경제활동참가율: 시계열 분석

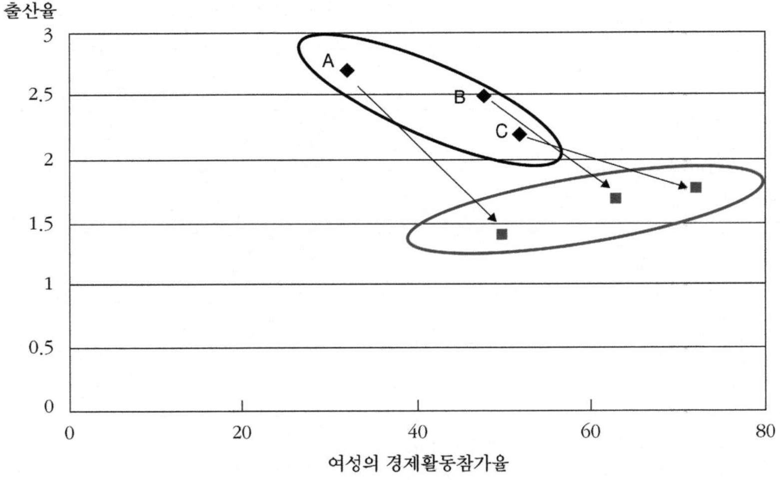

자료: Ahn and Mira, 2002: 15, Fig. 4, 5를 재구성
http://blog.naver.com/puttyclay?Redirect=Log&logNo=40023779864

(2) 결과 및 함의

출산율이 높은 나라일수록 여성의 경제활동참가율은 낮아진다고 보는 것이 일반적인 예측이다. 그런데, 왜 위에서 제시된 횡단면 분석결과는 일견 모순된 결과를 보여주는 것일까? 이것은 시계열적으로 볼 때 경제활동참가율 상승과 함께 출산율이 다 떨어졌지만, A국은 출산율이 매우 크게 하락했는데 비해서, C국은 출산율이 상대적으로 조금 떨어진데 그쳤다. 그 결과 1995년 시점에서 횡단면적으로 볼 때 양의 상관관계가 나타난 것이다.

위 사례에서 알 수 있듯이 횡단면 분석과 시계열 분석은 현상을 이해하고 판단을 내리는 데 있어서 상호 보완적인 관계를 갖는다. 따라서 정책분석을 실행함에 있어서 어느 한쪽만을 고려하는 경우에는 그릇된 판단을 내릴 수 있으므로, 종합적인 검토와 판단이 요구된다고 하겠다.

신뢰도 및 타당도 분석

1) 개념 및 특성

신뢰도reliability는 동일한 개념에 대해서 반복적으로 측정했을 때 나타나는 측정값들의 분산을 의미하며 측정의 정확성, 예측성, 일관성 등의 개념이 포함되어 있다(강병서·김계수, 2007: 318). 이러한 신뢰도분석은 2가지 가정을 전제로 한다. 첫째, 계량화할 수 있는 데이터를 사용해야 한다. 신뢰도 분석에 사용될 수 있는 자료는 서열 혹은 등간 척도일 수도 있으나, 분석을 하기 위해서는 반드시 숫자로 코딩될 수 있어야 한다. 둘째, 관측치는 상호간 독립적이어야 하며 측정 문항간의 오차는 서로 상관관계가 없어야 한다(김렬·성도경·이환범·이수창, 2008: 134).

신뢰도 측정방법으로는 여러 가지가 있으나 많이 사용되는 개념으로는 해당 문항을 가지고 구성할 수 있는 모든 집단 간의 반분신뢰도 split-half reliability[9]를 구한 후 이것의 평균값을 산출한 크론바 알파계수 chronbach's alpha coefficient[10]가 있다. 계수는 0~1의 값을 갖는데 값이 높을수록 신뢰도가 높은 것이다. 일반적으로 0.7이상이면 바람직한 것으로 보고, 0.8~0.9의 값이면 신뢰도가 매운 높은 것으로 볼 수 있다.

한편, 타당도validity라는 용어는 경험적 척도가 연구대상 개념에 대한 실질적 의미를 충분히 반영하는 정도를 의미한다. 개념의 실질적 의미를 적절하게 측정하는 데 있어 성공을 판단해 주는 기준이 몇 가지 있다Earl R. Babbie, 2007.[11]

첫째로, 액면타당도face validity가 있다. 예를 들어, 노동자들의 사기를 측정하기 위해 노동조합에 접수된 고충 사례 수를 세어서 측정할 수 있다. 이때 고충의 숫자가 사기와 어느 정도 연관되어 있다는 점에는 동의할 수 있지만, 이는 피상적인superficial 측면에서 문자 그대로 '액면적' 타당성만을 의미한다고 볼 수 있다.

둘째로, 개념타당도conceptual validity가 있다. 예를 들어, 통계청의 경우 가족, 가구, 고용상태 같은 개념들에 대해 조작적 정의를 하고 있고, 이를 사용하는 연구들은 개념적 타당성을 확보하고 있는 것으로 받아들여지고 있다.

셋째로, 기준타당도criteria validity가 있다. 예를 들어, 대학입학시험의 타당성은 대학에 들어와서 학생들이 어느 정도 성공적으로 학업을 수행할지 예견하는 능력에 달려 있다. 이런 의미로 운전면허 필기시험의 타당성은 시험에서 받은 점수와 이후 운전을 얼마나 잘하는가의 관계에 의해 결정된다. 이 경우 운전능력이나 대학에서의 학업적 성공은 기준타당도에서 말하는 기준들이 된다.

넷째로, 구성타당도construct validity가 있다. 예를 들어, 결혼만족도의 원인과 결과를 연구할 경우, 연구의 일부로 결혼만족도 척도를 개발하는 동시에 결혼만족도가 다른 변수들과 맺는 관계에 대해 일종의 이론적 예측을 구성해서 만약 개발된 척도가 구성된 구성에 부합하게 된다면 구성타당도가 높은 것으로 볼 수 있다.

마지막으로, 내용타당도content validity가 있다. 예를 들어, 수학능력 측정시험에는 더하기뿐만 아니라, 빼기, 곱하기, 나누기 등이 포함되어야 한다. 만약 편견을 측정하고 있다면 그 측정 장치가 인종 및 민족집단에 대한 편견, 소수종파에 대한 편견, 여성과 노인에 대한 편견 등을 모두 포함하는지 여부를 확인하여 내용적으로 타당도가 높아야 할 것이다.

2) 분석사례 및 함의: 인터넷 커뮤니티가 청소년의 지식형성에 미치는 영향요인 분석 – 회귀분석, 신뢰도 검증, 타당도 검증, 요인분석의 활용 –

(1) 개요 및 자료

서인석(2009)은 "인터넷 커뮤니티가 청소년의 지식형성에 미치는 영향"이라는 연구에서 청소년 지식발달에 영향을 미치는 요인들을 선정하여 영향모형을 설정하고 회귀분석을 통해 설정한 모형을 검증하였다. 즉, 선행연구 검토를 통해 선정한 영향요인들, 즉 독립변수들과 종속변수인 지식발달과의 관계를 확인하여 지식발달에 영향을 미치는 요인들을 분석하였으며, 이 과정에서 신뢰도 검증, 타당도 검증, 요인분석을 거쳐 회귀분석을 실행하였다.

(2) 방법 및 절차

본 연구는 회귀분석을 시행하기 위해 SPSS 12.0프로그램을 통해 신뢰도 검증과 타당도 검증을 거친 후 요인분석을 실시하고 회귀분석을 통해 지식발달에 미치는 영향요인들의 모형을 도출하였다. 분석절차는 우선 데이터를 SPSS 12.0에서 코딩한 후 데이터 불러오기를 실시한다. 신뢰도 검증은 분석에서 척도화 분석→ 신뢰도 분석을 선택하여 시행하고 분석에서 데이터 축소 → 요인분석을 선택하여 타당도 검증과 요인분석을 시행한다. 회귀분석은 분석에서 → 회귀분석 → 선형을 선택하여 시행한다.

(3) 결과 및 함의

〈신뢰도 검증 결과〉

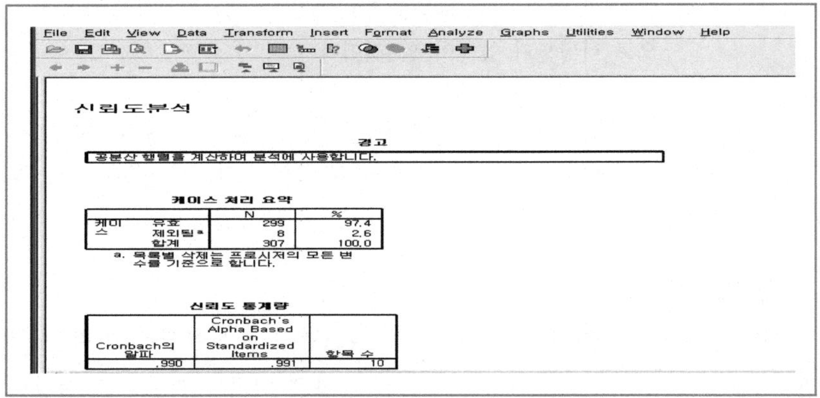

신뢰도분석

경고

공분산 행렬을 계산하여 분석에 사용합니다.

케이스 처리 요약

		N	%
케이스	유효	299	97.4
	제외됨[a]	8	2.6
	합계	307	100.0

a. 목록별 삭제는 프로시저의 모든 변수를 기준으로 합니다.

신뢰도 통계량

Cronbach의 알파	Cronbach's Alpha Based on Standardized Items	항목 수
.990	.991	10

일반적으로 cronbach's alpha 계수가 0.7이상이면 바람직한 것으로 보고, 0.8~0.9의 값이면 신뢰도가 매우 높은 것으로 보는 기준에서 본 연구의 신뢰도는 0.990으로 매우 높은 것으로 검증되었다고 볼 수 있다.

〈타당도 검증 결과〉

KMO Bartlett의 검정

표준형성 적절성의 측도	Kaiser-Meyer-Olkin	.974
Barlett의 구형성 검정	근사 카이제곱	35920.302
	자유도	780
	유의확률	.000

또한 타당도 검증 결과는 위에서 설명한 바와 같이 요인분석의 사용 적합성을 파악하는 기준인 KMO 표본적합도 검증으로 파악하였다. 이는 측정도구들 간의 표본적합도의 정도를 나타내는 수치로서 보통 0.90 이상이면 매우 좋은 편이라는 기준에서 0.974로 매우 높은 타당도를 나타낸다고 볼 수 있다.

〈요인분석 결과〉

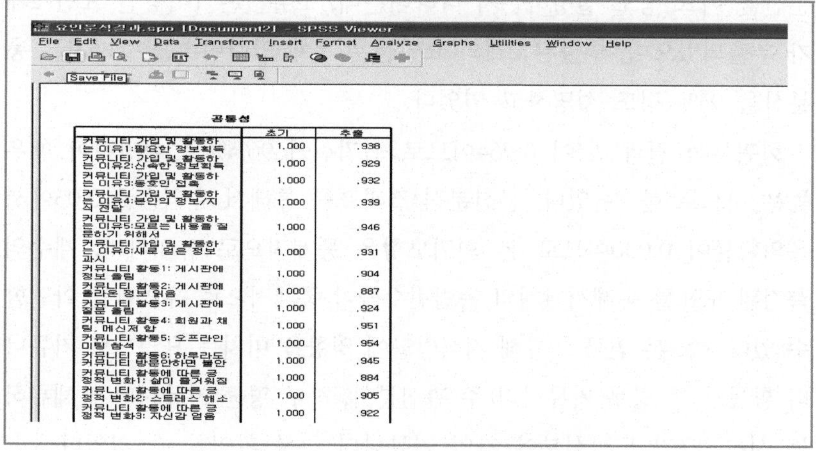

공통성

	초기	추출
커뮤니티 가입 및 활동하는 이유1:필요한 정보획득	1.000	.938
커뮤니티 가입 및 활동하는 이유2:신속한 정보획득	1.000	.929
커뮤니티 가입 및 활동하는 이유3:동호인 접촉	1.000	.932
커뮤니티 가입 및 활동하는 이유4:본인의 정보/지식 전달	1.000	.939
커뮤니티 가입 및 활동하는 이유5:모르는 내용을 질문하기 위해서	1.000	.946
커뮤니티 가입 및 활동하는 이유6:새로 얻은 정보 과시	1.000	.931
커뮤니티 활동1: 게시판에 정보 올림	1.000	.904
커뮤니티 활동2: 게시판에 올라온 정보 읽음	1.000	.887
커뮤니티 활동3: 게시판에 질문 올림	1.000	.924
커뮤니티 활동4: 회원과 채팅, 메신저 함	1.000	.951
커뮤니티 활동5: 오프라인 미팅 참석	1.000	.954
커뮤니티 활동6: 하루라도 커뮤니티 방문안하면 불안	1.000	.945
커뮤니티 활동에 따른 긍정적 변화1: 삶이 즐거워짐	1.000	.884
커뮤니티 활동에 따른 긍정적 변화2: 스트레스 해소	1.000	.905
커뮤니티 활동에 따른 긍정적 변화3: 자신감 얻음	1.000	.922

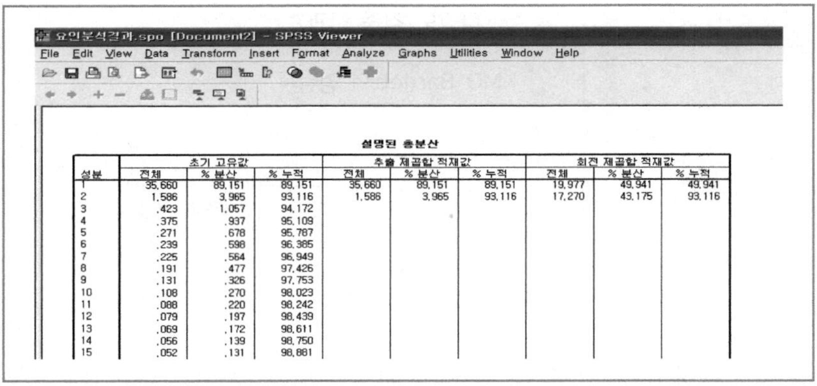

요인분석결과.spo [Document2] - SPSS Viewer

File Edit View Data Transform Insert Format Analyze Graphs Utilities Window Help

설명된 총분산

성분	초기 고유값			추출 제곱합 적재값			회전 제곱합 적재값		
	전체	% 분산	% 누적	전체	% 분산	% 누적	전체	% 분산	% 누적
1	35,660	89,151	89,151	35,660	89,151	89,151	19,977	49,941	49,941
2	1,586	3,965	93,116	1,586	3,965	93,116	17,270	43,175	93,116
3	,423	1,057	94,172						
4	,375	,937	95,109						
5	,271	,678	95,787						
6	,239	,598	96,385						
7	,225	,564	96,949						
8	,191	,477	97,426						
9	,131	,326	97,753						
10	,108	,270	98,023						
11	,088	,220	98,242						
12	,079	,197	98,439						
13	,069	,172	98,611						
14	,056	,139	98,750						
15	,052	,131	98,881						

요인분석에서 공통성은 추출된 요인들에 의해서 설명되는 변수의 분산을 나타내는 것으로 일반적으로 0.5이상이면 변수의 분산이 추출된 요인들에 의하여 어느 정도 설명된 것으로 판단할 수 있다. 분석결과 모든 변수의 공통성이 0.5이상으로 나타나 추출된 요인들의 설명력을 뒷받침하고 있었다. 또한, 설명된 총 분산은 추출된 요인들이 가지고 있는 분산을 어느 정도 설명하는지 나타내는데, 고유값은 1이상인 요인 2개가 추출되었으며, 추출된 2개의 요인들은 전체 입력변수들이 가지는 총 분산을 93% 정도 설명하고 있었다.

회귀분석 결과 R^2이 0.964이므로 회귀선이 96.4%로 설명력이 매우 높은 것으로 볼 수 있다. 분산분석 결과표를 통해서 유의수준 0.05에서 유의확률이 0.000이므로 본 회귀모형은 통계적으로 유의하며, 계수의 측정된 도표를 통해서 4개의 독립변수들이 통계적으로 유의함을 확인할 수 있다. 즉, 본 연구를 통해 지식발달에 영향을 미치는 요인으로 커뮤니티 활동과 주 방문 커뮤니티/주 관심분야, 하루 평균 커뮤니티에 체류하는 시간, 그리고 관심분야 가입 커뮤니티 수를 확인할 수 있었다.

〈회귀분석 결과〉

모형 요약[b]

모형	R	R제곱	수정된 R제곱	추정값의 표준오차	통계량 변화량					Durbin-Watson
					R제곱 변화량	F	자유도1	자유도2	유의확률 F변화량	
1	.982[a]	.964	.963	.15780501	.964	1577.949	4	235	.000	.170

a. 예측값: (상수), 관심분야 관련 가입하고 있는 커뮤니티 수, 하루 평균 커뮤니티/사이트에 체류하는 시간-시, 커뮤니티 활동, 주로 방문하는 커뮤니티/사이트의 주된 관심분야.
b. 종속변수: 지식발달.

분산분석[b]

모형		제곱합	자유도	평균제곱	F	유의확률
1	선형회귀분석	151.179	4	39.295	1577.949	.000[a]
	잔차	5.852	235	.025		
	합계	163.031	239			

a. 예측값: (상수), 관심분야 관련 가입하고 있는 커뮤니티 수, 하루 평균 커뮤니티/사이트에 체류하는 시간-시, 커뮤니티 활동, 주로 방문하는 커뮤니티/사이트의 주된 관심분야.
b. 종속변수: 지식발달.

계수[a]

모형		비표준화계수		표준화계수	t	유의확률	B에 대한 95% 신뢰구간		상관계수			공선성 통계량	
		B	표준오차	베타			하한값	상한값	0차	편	부분	공차한계	VIF
1	(상수)	−.241	.084		−2.883	.004	−.406	−.076					
	커뮤니티활동	1.018	.030	.894	34.081	.000	.959	1.076	.977	.912	.421	.222	4.509
	주로 방문하는 커뮤니티/사이트의 주된 관심분야	−.279	.042	−.197	−6.618	.000	−.362	−.196	.772	−.396	−.082	.172	5.804
	하루 평균 커뮤니티/사이트에 체류하는 시간−시	.031	.013	.061	2.509	.013	.007	.056	.751	.162	.031	.260	3.850
	관심분야 관련 가입하고 있는 커뮤니티 수	.259	.037	.223	7.042	.000	.187	.332	.883	.417	.087	.152	6.576

a. 종속변수: 지식발달.

요인분석

1) 개념 및 특성

요인분석factor analysis은 데이터들에 포함된 공통요인을 추출하기 위해서 사용되는 분석기법이다. 요인분석에는 관찰자료에 포함된 공통요인을 귀납적으로 탐색하는 탐색적 요인분석(이론이 정립되기 전)과 이론에 근거를 둔 공통요인을 확인함으로써 연역적으로 이론을 검증하는 확인적 요인분석(이론을 검증)이 있다.

요인분석은 여러 변수들 사이의 상관관계를 기초로 하여 공통요인을 추출하는 분석기법이다(강병서·김계수, 2007: 332). 다시 말해 상관관계가 높은 변수들이 가지고 있는 공통성을 중심으로 하나의 동질적인 요인으로 묶어주는 분석방법이다. 따라서 요인분석을 이용하면 여러 개의 변수 형태로 주어진 많은 정보를 몇 개의 핵심적인 요인으로 축약할 수 있는 장점이 있다(이훈영, 2008: 337).

이러한 요인분석은 5가지 가정을 전제로 한다.

첫째, 요인분석을 하기 위한 최소한의 표본의 크기는 50개 이상이 되어야 한다.

둘째, 결측치missing value이나 이상치outlier에 대한 사전 점검을 해야 한다.

셋째, 변수의 상관행렬이 요인분석의 가능성을 가지고 있는지 확인하여야 한다. 요인분석이 가능하기 위해서는 변수의 절반 이상이 상관계수 0.3을 초과해야 한다.

넷째, 변수들이 선형관계를 가지고 있는지 혹은 지나친 다중공선성의 문제를 야기하지 않는지를 확인하여야 한다.

다섯째, 변수들은 등간 또는 비율 척도로 구성되어야 한다(김렬 외, 2008: 146).

2) 분석사례 및 함의: 회귀분석과 요인분석을 이용한 투자 우선순위 예측

(1) 사례개요

권기헌 외(2005)에서는 미래 과학기술을 위한 대형 연구시설 및 장비 구축에 관한 정책연구에서 대형 첨단 장비구축의 정책우선순위 도출을 위해 회귀분석과 요인분석을 실행했다. 첨단 장비구축의 평가기준을 도출하기 위해 먼저 요인분석을 실시하였는데, 요인분석 적용결과, 2개의 요인(요인1: 과학기술차원; 요인2: 국가정책차원)이 도출되었다(Varimax 회전방식). 이러한 요인분석결과를 기초로 18개 첨단 장비에 대한 요인값factor score을 도출하였으며, 요인분석으로 도출된 과학기술차원(요인1)과 국가정책차원(요인2)을 독립변수로 하고, 도입필요성을 종속변수로 하여 회귀분석을 실시하였다. 그 결과, 회귀분석의 가중치(w_1=과학기술차원표준화계수, w_2=국가정책차원표준화계수)를 산출할 수 있었다.

○ $Yi = w_1X_1 + w_2X_2$ ……………………………… 방정식①

X_1=과학기술차원

X_2=국가정책차원

w_1=과학기술차원 가중치

w_2=국가정책차원 가중치

$w_1 + w_2 = 1$

w_1=과학기술차원 표준화계수=0.6265

w_2=국가정책차원 표준화계수=0.3735

(2) 가중치를 적용한 투자 우선순위 예측

위에서 도출된 가중치를 적용하여 전체 우선순위를 예측한 결과, 차세대 자기공명장치NMR, 질량분석가속기AMS, 자기공명영상시스템MRI, 고분해능 질량분석기, 전자현미경 등은 상위 우선순위로 평가된 반면, 가속기 기반 중성자 연구설비, 냉중성자연구시설, 초전도 가속관 시험 제

• 표 3-8 전체우선순위: 가중치 적용

첨단장비	가중평균	순위
차세대 자기공명장치(NMR)	4.014	1
질량분석가속기(AMS)	3.974	2
자기공명영상시스템(MRI)	3.908	3
고분해능 질량분석기(Mass Spectrometer)	3.860	4
전자현미경	3.830	5
제4세대 방사광 가속기	3.684	6
고자기장 연구장비	3.605	7
양성자가속기	3.346	8
극초단 광양자빔(Ultra-Short Optical Pulse Laser)	3.289	9
대전력저장공급시설	3.232	10
초전도특성평가시설	3.212	11
중대형 이온빔 가속기	3.135	12
핵융합로재료시험시설	3.100	13
가속기 기반 중성자 연구설비(Spallation Neutron Source)	3.069	14
냉중성자연구시설	2.855	15
초전도 가속관 시험/제작 시설	2.774	16
고에너지실험자료센터(대용량 자료시스템 포함)	2.764	17
중성미자검출설비	2.636	18

자료: 권기헌 외, 『미래 과학기술을 위한 대형 연구시설 및 장비구축에 관한 정책연구』, 과학기술부, 2005.

작 시설, 고에너지실험자료센터, 중성미자검출설비 등은 하위 우선순위로 평가되었다. 이는 다른 형태의 가중치 분석에서도 동일한 결과를 보여주었는데, 이는 통계분석의 결과가 Robust하다 것을 의미한다.

(3) 요인분석 및 유형분류

위의 데이터를 과학기술차원과 국가정책차원으로 나누고 요인분석을 한 결과 4개의 유형으로 도출되었다. 아래 <그림 3-8>은 요인분석에 따른 4가지 유형분류를 보여주고 있다.

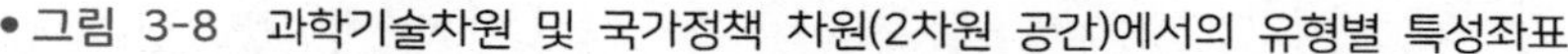
• 그림 3-8 과학기술차원 및 국가정책 차원(2차원 공간)에서의 유형별 특성좌표

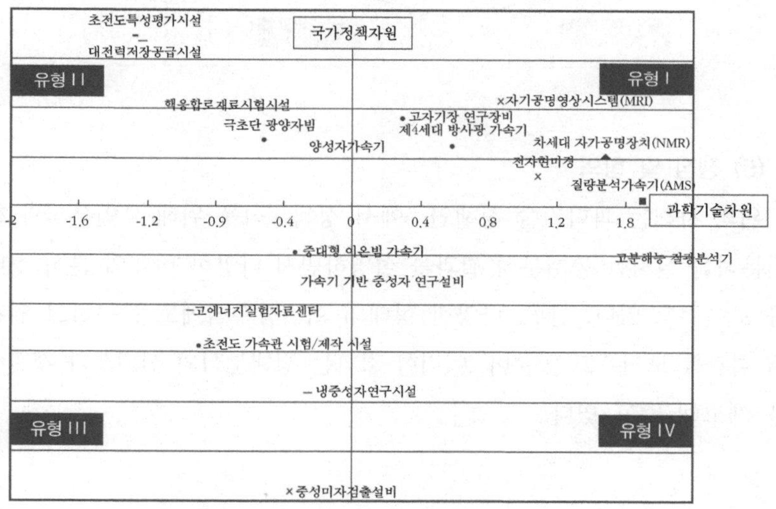

(4) 입체적 분석

X축의 과학기술차원, Y축의 국가정책차원 이외에도 도입시기를 Z축으로 추가하여 입체적으로 분석해 볼 수 있다. 이러한 육각형의 정책분석모형을 제시하면 아래 <그림 3-9>와 같다.

• 그림 3-9 과학기술차원, 국가정책차원, 도입시기차원(3차원 공간)E에 따른 유형별 특성분석

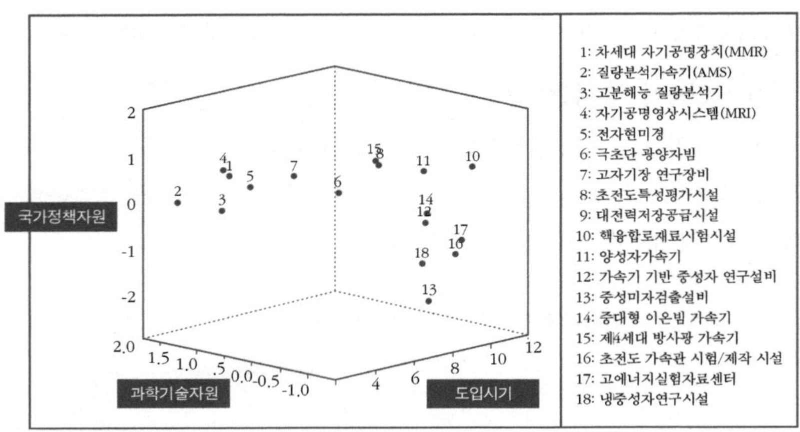

(5) 쟁점 및 함의

위의 사례는 과학기술 정책연구에서 정책분석을 위해 요인분석과 회귀분석을 실시한 통계분석 결과를 설명하면서 다양한 형태의 분석 형태를 보여주고 있다. 한편, 다양한 형태의 회귀함수식에도 불구하고 일관된 결과를 보여주고 있는바, 이러한 결과는 정책분석의 신뢰성과 객관성을 제고해 주고 있다.

제2절 고급통계분석

TOBIT 혹은 HECKMAN SELECTION모형

일반적인 회귀분석은 최소자승법OLS을 통해 선형회귀분석을 돌린다. 하지만, 내가 사용하는 종속변수가 제로 값을 많이 포함하는 데이터인 경우 일반 회귀분석은 오류(편의)의 가능성이 있다. 경제학자 TOBIT은 이처럼 종속변수들이 절단된 종속변수censored dependent variable일 경우를 감안하여 새로운 회귀모형을 제안했다. 가령, 사교육비 지출의 영향요인을 분석할 경우 사교육비 조사 자료는 사교육 지출액이 0보다 작을 경우에도 데이터 값에는 0으로 포착될 수밖에 없는데, 이를 감안하지 않는 일반적 회귀분석의 경우는 편의bias를 초래할 수밖에 없다. 즉, 종속변수의 정보가 절단된 혹은 단절된 양상을 띠는 회귀모형의 경우에는 최소자승법OLS을 활용하는 분석은 추정계수값에 편의bias를 초래하므로 TOBIT모형으로 돌리는 것이 바람직하다.

가령, 이종구 외(2009)는 TOBIT모형을 활용하여 사교육비 지출패턴을 분석한 바 있는데, 독립변수로서 인구학적 변수, 사회경제학적 변수, 경감정책변수 등 3가지를 포함시켰다. 이를 다시 광역시, 중소도시, 읍면지역을 나누어 비교 분석했다. 언급한 것처럼, 사교육비 지출액은 0의 값을 포함하는 경우가 많아 TOBIT모형으로 분석할 필요가 있었다. 실행 방법은 간단한데, STATASE 10.0 version에 들어가 메뉴, Statistics → Linear models and related → Censored regression → Tobit regression 순으로 실행시키면 된다(졸저, 정책분석론, 2019: 270-273).

HECKMAN SELECTION모형은 TOBIT에서 한 단계 더 진전된 모형이다. 이는 2-STEP을 통해 사교육비 지출액이 갖는 의미가 복합적임을 감안하여 지출액의 의미를 분해하여 접근하고 있다. 즉, 1단계에서는 PROBIT모형을 통해 독립변수가 사교육비 지출 여부에 미치는 영향요인을 추출하고, 2단계에서는 사교육비 지출액에 영향을 미치는 영향요인을 분석한다. 종속변수에 포함된 0의 수치를 보정하여 불편향적unbias 분석을 시도한다는 점에서는 TOBIT모형과 유사하지만, TOBIT모형은 독립변수들이 0, 1 의도에 영향을 미친 것과 지출액의 규모에 미치는 영향을 동동하게 가정하는 데 비해 HECKMAN SELECTION 모형은 이를 둘로 분리하여 실행한다는 점에서 TOBIT 모형보다 더 현실성이 높은 추정으로 평가되고 있다. 이것 역시 실행 방법은 간단한데, STATASE 10.0 version에 들어가 메뉴, Statistics → Sample selection models → Heckman selection modeltwo-step 순으로 실행시키면 된다(졸저, 정책분석론, 2019: 276–278).

Poisson모형: 단절적 데이터 분석을 위한 방법

1) 개념 및 특성

Poisson분포는 프랑스의 수학자 Siméon D. Poisson(1781–1840)의 이름을 딴 분포로서, 시간, 거리, 또는 공간상에서 무작위로 드물게 발생하는 사건의 수를 묘사하는데 사용되고 있다. 예를 들어 Poisson의 논문에서 제시되었던 여자와 어린아이의 자살자 수에 관한 분포, 고속도로에서 단위 거리당 사고 발생 건수의 분포, 은행창구에 단위시간당 도착하는 고객의 수에 관한 분포 등에 Poisson분포를 이용하고 있다.

포아송 분포Poisson Distribution는 특정시간, 특정면적을 전제로 하여, 특정사상이 발생했던 평균을 근거로 특정사상에 대한 발생횟수에 대한 확률을 나타내주는 분포이다. 예를 들면 1시간 동안 지나가는 특정 행인의 수, 기계가 한 달 동안 고장나는 수 등 데이터가 단절적인 형태를 띠게 된다.

포아송 분포는 X를 단위시간 내에서 발생할 사건횟수 또는 단위면적 안에서 발견할 수 있는 평균값이라고 정의하고, 이들이 발생하는 것이 독립적이라고 가정하면 X가 k값을 가질 확률은 다음과 같은 포아송 분포를 갖는다.

$$P(X=k)=\frac{e^{-\lambda}(\lambda)^k}{k},\ k=0,1,2,\cdots$$

λ = 단위시간 또는 단위면적에 발생할 평균값

e = 자연지수(2.718)

• 그림 3-10 포아송 분포

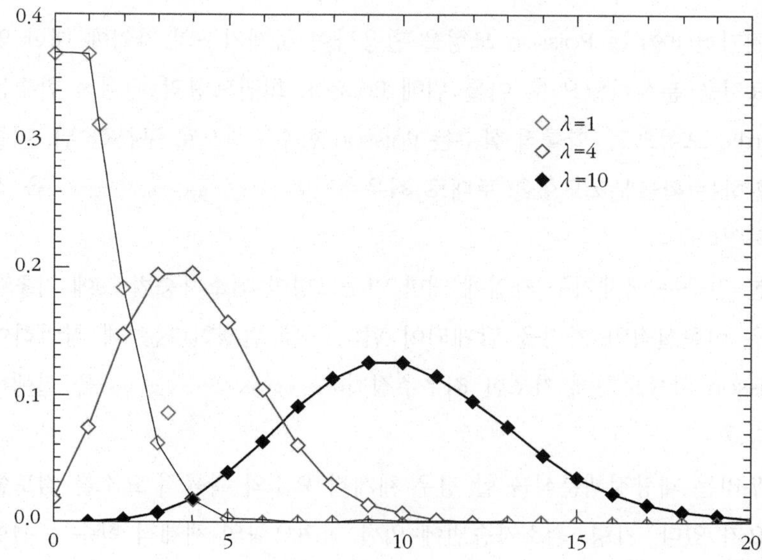

자료: WIKIPEDIA(http://en.wikipedia.org/wiki/Poisson_distribution).

2) 정책분석에의 활용

포아송 분포를 회귀모형과 결합하여 연구하는 경우도 현실 정책문제의 분석에 있어서 유용성을 많이 띠게 된다. 예컨대, 세계 각국의 국제기구 가입 수에 미치는 영향요인에 관한 연구를 할 때, 후진국의 많은 나라의 경우 국제기구 가입 평균값은 5개 이하인 경우도 많다. 이럴 경우 정규분포를 가정하는 최소자승법OLS에 의한 추정은 비효율적inefficient estimator이 되고, 이는 잘못된 가설검증을 유도하게 되므로 편의bias를 띠게 된다. 이런 경우에는 포아송 분포를 활용한 최우추정법Maximum Likelihood Estimator을 활용하여 추정하는 것이 바람직하다.

3) 분석사례 및 함의

권기헌(1994)는 Poisson 모형을 활용하여 국제기구의 가입에 대한 영향요인을 분석하였으며, 이를 위해 Poisson 회귀모형의 체계적 함수는 Hurdle 모형으로, 확률적 함수는 Poisson 함수모형으로 구분한 뒤, 이를 결합하는 확률분포모형을 토대로 최우추정법Maximum Likelihood Estimator을 적용하였다.

본 연구는 국제기구 가입에 대한 연구모형이 최소자승법OLS에 기초할 경우 비현실적인 가정을 담게되어 편의bias를 발생한다는 데 착안하여 Poisson 확률모형에 기초한 최우추정법Maximum Likelihood Estimator을 실행하였다.

우리는 계량정책분석을 할 경우 체계적 요소와 확률적 요소를 검토할 필요가 있다. 가령, 최소자승법에 의한 회귀모형의 체계적 함수는 선형모형이며, 확률적 함수는 정규분포를 전제하고 있다. 그러나 국제기구에 가입하는 많은 후진국의 경우 평균값이 5이하인 관측치가 많아 확률적 함수는 Poisson 분포를 띤다. 또한, 체계적 함수도 선형모형에 기초하는 경우 관측치의 상한선이 절단된censored 자료의 특성을 반영시키지 못해 편의bias가 발생하게 된다.

이에 반해, 상기한 연구는 체계적 함수는 선형모형 대신 Hurdle 모형으로, 확률적 함수는 정규분포모형 대신 Poisson 함수모형으로 변환하여 새롭게 구성한 후 측정하였다. 이럴 경우 최소자승법Ordinary Least Square 대신 최우추정법Maximum Likelihood Estimator을 사용하게 된다.

먼저 종속변수의 관측치 Yi는 다음과 같음 Poisson 확률분포를 따른다.

$$Y_i \rightarrow f_{Poisson}(y_i|\lambda_i) = \frac{e^{-\lambda_i}\lambda_i^{y_i}}{y_i!} \cdots\cdots (1)$$

이때 독립변수의 값에 따라 움직이는 체계적인 함수형태인 Hurdle 모형은 다음과 같은 형태를 띤다.

$$\lambda_i = \gamma[1-\exp(-\exp(x\beta))] \cdots\cdots (2)$$

식(2)에서 정의된 λi를 식(1)에 대입하여 전체의 함수식을 우도Likelihood로 표현하면 식(3)과 같으며, 이 최우추정법Maximum Likelihood Estimator을 실행하기 편리한 log-우도값Log likelihood으로 표현하면 식(4)와 같다.

$$L(\beta|y) = \Pi \frac{e^{-\lambda}\lambda^{y_i}}{y_i^!}$$

$$= \Pi \frac{\exp[-\gamma(1-\exp(-\exp(x\beta)))][\gamma(1-\exp(-\exp(x\beta)))]}{y_i^!} \quad \cdots\cdots (3)$$

$$\ln L(\beta|y) = \Sigma[y_i \ln[\gamma(1-\exp(-\exp(-\exp(x\beta)))] - [\gamma(1-\exp(-\exp(x\beta)))]]$$

$$\cdots\cdots\cdots\cdots\cdots\cdots\cdots\cdots\cdots\cdots\cdots\cdots\cdots (4)$$

결론적으로, Poisson 모형을 활용하여 국제기구의 가입정도를 분석한 결과 최소자승법에 의한 추정에 비해 예측력이 더 높은 결과를 입증해 주었으며, 이는 향후 국제기구의 가입 및 탈퇴에 관한 연구에 보다 정확한 모형의 구성 가능성을 열어두었다는 의의를 지닌다.

또한 연구결과는 1980년대 대규모 선진국들이 국제기구에 탈퇴하고 있는 경향을 확인해 주었는데, 이는 국제협력의 확장 가능성이란 측면에서 새로운 국제협력의 패러다임이 필요하다는 점을 강력히 시사해주고 있다.

이항분석모형: 이항 데이터(Binary data) 분석을 위한 방법

1) Logit 모형

Logit 모형은 이항 데이터Binary data를 활용한 모형 중 가장 단순한 형태이다. 즉, 종속변수가 이항Binary인 경우에 사용되며, 이항변수끼리는 통계학적으로 배반사건Mutually Exclusive Event이고 확률적 선택 하에 놓인 경우에 사용할 수 있다. 즉, 하나의 사건 A가 발생하는 경우와 그렇지 않은 경우의 두 가지 선택의 범주가 있을 때 사용된다. 이항 사건의 형태는 사회과학 분야에서 다양하게 적용할 수 있다. 예를 들어 주택 소유 여부,

자가용 출퇴근 여부, 핸드폰 사용여부 등 두 가지 선택 항목 중 하나를 선택해야 하는 다양한 경우를 다룰 수 있게 되는 것이다.

Logit 모형은 이항변수를 종속변수로 설정하여 다른 독립변수들의 영향을 추정하는 분석모형이다. 독립변수가 연속형 변수일 경우 독립변수의 값이 한 단위 증가할수록 종속변수의 범주가 0대신 1에 속할 log-승산치log odds는 β의 기호가 +일 경우 β만큼 증가하고 승산치odds는 exp(β)만큼 증가한다.[12] β의 기호가 -일 경우는 β만큼 감소하고 승산치odds는 exp(β)만큼 감소한다.

Logit 모형에서 독립변수와 종속변수의 관계는 S자의 비선형nonlinear을 보인다. 독립변수의 수준이 높으면 성공할 확률은 증가한다. 독립변수가 하나인 Logit 모형을 나타내면 다음과 같다.

• 그림 3-11 Logit과 Probit 모형의 누적분포

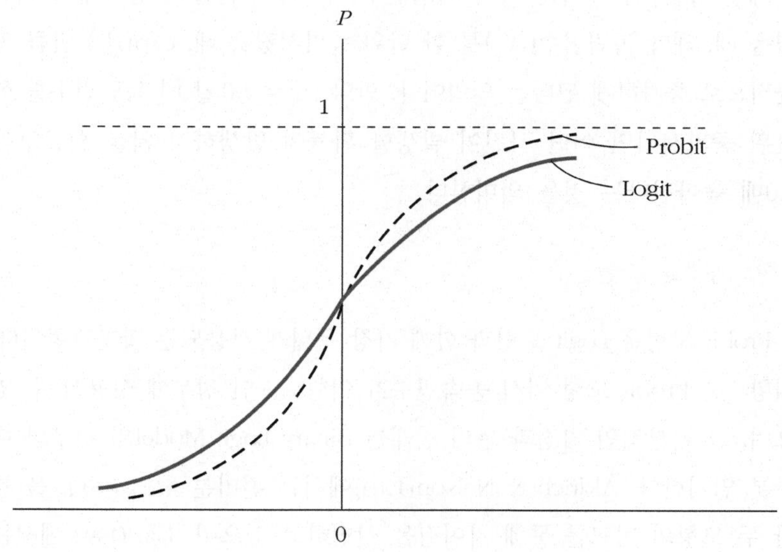

$$E(Y) = \frac{\exp(\beta_0 + \beta_1 X)}{1 + \exp(\beta_1 X)} = \pi$$

여기서 E(Y)는 특별한 의미를 갖는다. 즉, Y가 1의 값을 취할 확률 즉, 어떤 사건이 발생할 확률 π을 의미한다. E(Y)은 X가 커짐에 따라(작아짐에 따라) 확률 E(Y)의 증가율(감소율)이 낮아지는 S자형태의 비선형 nonlinear관계를 가정한다. 로지스틱 함수는 회귀계수 β에 대하여 비선형이기 때문에, 선형화하기 위해서 자연로그를 취하는 로짓변환logit transformation을 사용한다. π의 로짓변환이란 $\ln(\pi/1-\pi)$를 의미한다. 독립변수가 두개인 경우에 선형 Logit 모형은 다음과 같다.

$$\ln\left(\frac{\pi}{1-\pi}\right) = \beta_0 + \beta_1 X_1 + \beta_2 X_2$$

예컨대, β_1의 해석은 다른 독립변수(X_2)의 수준을 일정하게 통제하였을 때, 해당 독립변수(X_1)를 한 단위 증가시켰을 때, $\exp(\beta_1)$ 만큼 평균적으로 증가하게 된다는 의미이다. 만약 $\beta_1 = 2.0$일 때 독립변수를 한 단위 증가시키면 어떤 사건이 발생할 확률이 발생하지 않을 확률보다 2.0배 높아진다는 것을 의미한다.

2) Probit 모형

Probit 모형은 Logit 모형과 함께 가장 폭넓게 사용되는 확률모형이다. 이항Binary Probit 모형 역시 종속변수가 이항Binary인 경우에 사용할 수 있으며, 그 기본적인 가정과 논의 전개는 Binary Logit Model의 경우와 대부분 일치한다. Aldrich & Nelson(1984)에서는 편미분Partial Derivatives을 통한 두 모형의 비교를 통해 차이점을 설명하고 있으며, Liao(1994)에서는 분포함수의 모양의 작은 차이에서 비롯되는 상이점을 설명하고 있으나, 일반적으로는 이러한 차이들을 무시하고 연구자의 편의에 따른 선택에 의존한다.

두 모형의 가장 큰 차이는 이들의 연계함수Link Function가 다르다는 것이다. 이항Binary Logit 모형은 오차항 ϵ의 분포가 로짓분포를 따르고 연계함수는 누적로짓분포의 역함수이지만, 이항Binary Probit 모형의 경우에는 ϵ가 정규분포를 따르고 연계함수는 누적정규분포의 역함수를 취한 것이다.

<그림 3-12>는 Logit 모형과 Probit 모형을 비교한 것인데, 그림에서 볼 수 있듯이 두 모형은 매우 유사하나 누적 분포 형태상에 근소한 차이가 있다. 즉, Logit 모형의 꼬리쪽이 보다 더 평평하므로 Probit 모형의 정규분포곡선이 Logit 모형보다 더 빨리 0과 1의 경계선에 접근한다.

• 그림 3-12 Logit과 Probit 모형의 누적분포

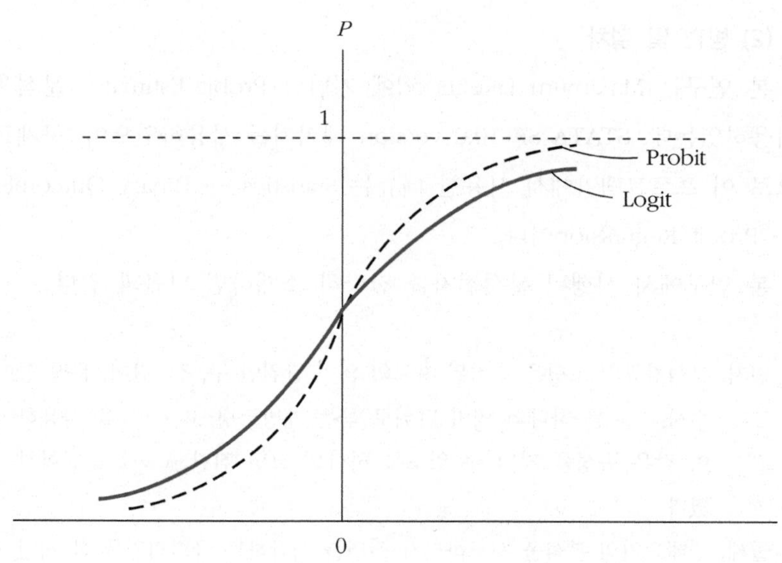

따라서 이들 두 모형사이의 선택은 수학적 간편성이나 통계프로그램의 이용가능성에 관한 문제라 할 수 있으며, 대체로 양 모형의 검증결과는 비슷하므로 상호보완적으로 사용할 수 있다(이은국, 1994).

3) 분석사례 및 함의: Probit 모형을 활용하여 수자원 예산심의에 관한 정책결정을 분석한 연구

(1) 개요 및 자료

서인석 외(2009a)는 Probit 모형을 활용하여 수자원 예산심의에 관한 정책결정을 분석하였으며, 이를 위해 국회 상임위원회 의사록을 분석하였다. 특히 선행연구에서 검토된 국회의원의 행태요인들을 중심으로 국회 2009년도 예산안 중 4대강 사업과 관련된 수자원 개발 및 유지에 대한 국토해양위원회 심사 의사록을 코딩하여 이를 Probit 모형의 자료로 사용하였다.

(2) 방법 및 절차

본 연구는 Maximum Likelihood에 기반한 Probit Estimator 분석을 사용하였는데, STATA SE 10.0 version 패키지를 사용하였으며, 구체적으로 이 프로그램안에서 사용한 메뉴는 Statistics → Binary Outcomes → Probit Regression이다.

본 연구에서 시행된 분석절차를 간략히 소개하면 다음과 같다.

먼저, 분석자료의 코딩은 수집된 자료의 의미 단위인 구, 절, 단어, 문장 등 수사rhetoric를 하나의 의미 단위로 묶는 개방코딩open coding을 사용하여 같은 속성을 지닐 수 있도록 하나의 코딩 집단family로 군집화하였다.

둘째, 행태요인의 분석을 시도하고자 질의를 시작하는 국회의원을 한 개인

〈코딩의 예제〉

	A	B	C	D	E	F	G	H
1	연대성	타협성	전문성	당파성	형식성	권위성	대표성	의사결정
2	2	0	4	0	1	0	0	1
3	3	0	4	0	0	0	0	0
4	2	0	4	0	1	2	0	1
5	3	2	8	1	2	1	2	1
				⋮				
				⋮				
29	0	2	3	0	0	0	0	1
30	0	1	3	0	2	2	0	1
31	0	1	1	0	0	0	0	1

을 하나의 개별 자료값(N)으로 간주하여 자료화하였다. 즉, 한 국회의원과 정부인사의 담화의 코딩을 각각 수치화하여 해당 국회의원의 질의가 끝났을 때 의사결정이 이루어진 경우는 1, 그렇지 않은 경우는 0으로 이항분포자료에 대한 Probit 회귀분석을 시도하였다.

총 질의를 한 국회의원은 30명이었고, 이에 총 분석자료수(N) 30개를 기준으로 해당행태요인의 영향력을 검증하였다. 마지막으로, 한 개인의 의사를 자료로 사용하고 있기 때문에 개인적 특성의 영향을 고려하여야 한다. 따라서 이들의 인적특성(성별, 학력, 연령, 여·야)의 영향력을 추가 검증하였다.

(3) 결과 및 함의

〈STATA 통계패키지의 분석결과〉

```
Probit regression                               Number of obs   =         30
                                                LR chi2(7)      =      21.82
                                                Prob > chi2     =     0.0027
Log likelihood = -5.3879281                     Pseudo R2       =     0.6694

------------------------------------------------------------------------------
        var9 |      Coef.   Std. Err.      z    P>|z|     [95% Conf. Interval]
-------------+----------------------------------------------------------------
        var1 |  -2.687841   1.237992    -2.17   0.030     -5.11426   -.2614215
        var2 |   8.104566   4.080724     1.99   0.047     .1064937    16.10264
        var3 |   4.050379   1.722325     2.35   0.019     .6746846    7.426074
        var4 |  -4.499558   2.299348    -1.96   0.050    -9.006197    .0070812
        var5 |  -1.490605   1.394861    -1.07   0.285    -4.224481    1.243272
        var6 |   .1134872   .7408124     0.15   0.878    -1.338478    1.565453
        var7 |   2.495254   1.446673     1.72   0.085    -.3401739    5.330682
       _cons |  -7.631388   3.391067    -2.25   0.024    -14.27776   -.9850184
------------------------------------------------------------------------------
Note: 1 failure and 10 successes completely determined.
```

Probit 회귀분석을 실시한 결과 대표성var7, 당파성var4, 전문성var3, 타협성var2, 연대성var1이 각각 유의미한 요인으로 확인되었다. 양의 영향요인은 대표성, 전문성, 타협성으로 확인되었으며, 음의 영향요인은 당파성, 연대성이 확인되었다. 타협성의 경우 8.1%의 영향력을 나타내어 가장 큰 영향력을 나타내고 있었으며, 다음으로 전문성은 4.05%의 영향력을 나타내었고, 대표성의 경우는 2.49% 가장 약한 양의 관계를 갖는 행태요인으로 확인되었다. 이들 모두는 의사결정에 촉진하는 데 영향을 미치는 행태요인으로 확인되었다. 반면, 당파성은 4.49%의 음의 영향력을 보였고, 연대성은 2.68%의 음의 영향력을 나타내는 것으로 검증되었고, 기본 상수는 −7.63%였다. 이때의 log−우도값Log likelihood는 −5.387이었으며, R^2는 0.6694로 높은 설명력을 나타내었다.

이러한 분석결과는 국회의원들의 의사결정에 가장 큰 영향력을 미치는 변수가 타협성임을 의미하며, 또한 전문성 역시 기여하는 것으로 확인되었다. 부(−)의 영향력을 나타낸 당파성과 연대성은 통계결과 의사결정을 방해하는 요소로 확인되었다.

구조방정식

1) 개념 및 특성

구조방정식SEM: Structural Equation Model은 사회학 혹은 심리학에서 개발된 측정이론에 기초한 확인적 요인분석과 계량경제학에서 개발된 연립방정식 모형에 기초한 다중회귀분석 또는 경로분석 등이 결합된 방법론이라고 할 수 있다(배병렬, 2007: 15). 구조방정식 모형은 사전적인 성격을 갖는데, 이는 연구모형에 포함되는 잠재변수와 관측변수 간의 관계, 잠재변수와 잠재변수 간의 관계 및 방향 등을 연구자가 사전에 가설로 수립한 모형을 기초로 분석하는 것을 뜻한다. 그러므로 구조방정식 모형은 연구자가 이론을 기초로 사전에 모형을 수립하고 관찰된 변수들observed variables간의 관계를 분석하여 잠재변수들latent variables간의 관계를 설명하기 위한 분석방법이다.

사회과학의 연구에서 회귀분석을 포함한 다변량 분석을 사용하는 용도는 예측과 설명을 위해서이다. 주로 예측을 목적으로 하는 다변량 분석 사용의 경우, 예측의 정확성을 높이기 위해 많은 개념과 변수들을 사용하게 되지만 중요한 개념과 개념간의 관계를 간명하게 설명하는 간명성의 원칙principle of parsimony 또한 동시에 중요하다. 일반적으로 사회과학의 연구는 계량분석이나 정책분석 등 현상에 대한 정확한 예측에 관심을 갖는 경우와 설명과 이론의 정립을 목적으로 하는 경우로 나뉘며, 이와 같이 목적이 다른 경우 분석기법과 논리가 다를 수 있다. 이러한 의미에서 구조방정식 모형은 설명의 목적에 부합되도록 설계되었으며 직접 관찰될 수 없는 추상적인 개념, 즉 잠재변수들 간의 관계, 구조를 간명성의 원칙하에 규명하는 데 목적을 두고 있다.

2) 방법 및 절차

구조방정식 모형은 컴퓨터 패키지 프로그램의 사용을 통해 편리하게 분석될 수 있다. 프로그램은 현재 약 15가지가 있으며 이들 중에서 주로 LISREL과 EQS, Amos 등이 많이 이용되고 있다. 분석단계를 개괄적으로 살펴보면 먼저 모형을 구축하고 경로도를 작성한다. 그리고 자료수집과 점검을 거쳐 모형을 설정하고 모형을 식별하며 추정한다. 이어서 모형의 적합도를 평가하고 해석하는 과정을 거쳐 수정하고 교차타당성 분석을 통해 최종모형을 결정하게 된다.

3) 분석사례 및 함의: 구조방정식모형을 활용한 방과후 보육프로그램의 영향요인 분석 – 서울시 자치구 지역아동센터 이용효과를 중심으로 –

(1) 개요 및 자료

하민지(2009)는 구조방정식모형을 활용하여 방과후 보육프로그램의 소득증대 효과 및 영향요인 분석을 실행하였다. 이 논문은 최근 사회적, 경제적 변화로 인해 그 필요성이 증대된 방과후 보육프로그램의 소득증대효과와 그에 미치는 영향요인간의 관계를 밝히고자 구조방정식의 논리모형을 사용한 것이다. 분석자료는 서울시 자치구별 지역아동센터 이용자들을 대상으로 실시한 설문조사자료를 이용하였다.

(2) 방법 및 절차

본 연구에서는 방과후 보육프로그램의 소득증대효과와 영향요인 간의 구조적 관계를 파악하기 위해 우선 SPSS패키지를 통하여 자료를 입력하여 신뢰도 분석과 타당도 분석을 거쳐 확인적 요인분석을 실시하였다. 그 다음으로 Amos7.0패키지를 이용하여 잠재변수(사각형)와 관측변수(원형)와 관계(화살표)를 설정하여 SPSS패키지로 작성한 Data파일을 토대로 AMOS7.0프로그램을 실행하였다. 아래 <예제>에서 보는 것처럼, 측정모형의 적합도를 검증하고 잠재변수들의 인과모형의 적합도를 검증하여 최종 인과관계모형을 구축하였다.

(3) 결과 및 함의

〈분석결과〉

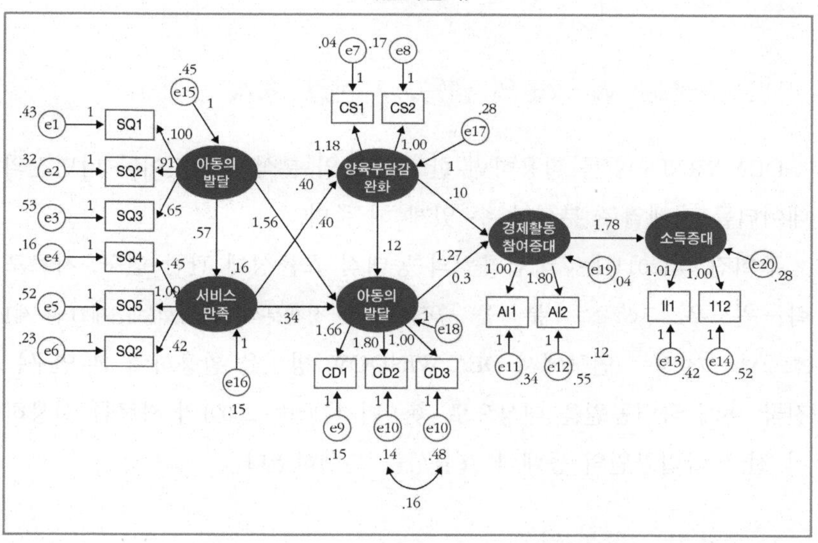

분석결과 방과후 보육프로그램의 서비스 질과 서비스 만족 요인이 소득증대효과로 이어지는 과정에서 양육부담감 완화와 아동발달이 경제활동 참여증대에 영향을 미치는 과정을 확인하였다. 특히, 서비스 요인과 효과들 간의 인과관계를 밝힘으로써 방과후 보육프로그램 효과에 관한 연구들에서 기반하고 있는 다양한 이론들, 즉, 보육프로그램의 구성요소가 양육자의 양육부담감 완화에 영향을 미친다는 이론과 아동의 발달에

있어서 보육프로그램의 필요성을 주장하는 이론, 여성의 경제활동 참여 증대가 실제 가계소득증대로 이어짐을 주장하는 이론이 하나의 구조적 모형으로 연결될 수 있음을 확인하였다. 이처럼 구조방정식 모형을 이용한 분석은 단순 회귀분석과 경로분석만을 통해서는 확인하기 어려운 전체의 인과적 구조 및 과정을 파악하여 구체적인 정책효과 실현을 위한 전략 마련에 중요한 이론 및 정책적 시사점을 제공할 수 있다는 점에서 큰 의의를 지닌다.

DEA WINDOW 방법의 활용: 시계열 DEA 분석

DEA WINDOW를 활용하면 한 개년도의 분석에서 벗어나 다년간의 데이터를 시계열로 분석할 수 있게 해 준다.

주희진 외(2011)는 "국립공원의 동태적 효율성에 관한 연구: 자료포락－윈도우DEA-WINDOW 분석을 중심으로"(「정책분석평가학회보」 제21권 제1호: 243~273)라는 연구에서 DEA WINDOW 방법을 활용하여 본 연구는 전국 18개 국립공원을 대상으로 총 9년간(2001－2009)의 자료를 사용하여 전국 국립공원의 동태적 효율성을 분석하였다.

1) 동태적 효율성 분석

자료포락분석은 단위 의사결정단위DMU별 특정 기간의 효율성을 다른 기간의 효율성과 직접 비교할 수 없는 단점이 있는 바, 이러한 정태성靜態成을 개선한 자료포락－윈도우DEA-Window 분석은 단위 의사결정단위DMU의 효율성 변화 추이를 분석함으로써 시계열 분석을 가능하게 해 주는 장점이 있다.

2) 특징 및 모형

본 연구의 특징은 기존의 한 개년도의 데이터를 이용한 횡단면 분석에서 벗어나 9년간의 데이터를 시계열자료로 활용하여 DEA WINDOW로 돌렸다는 것이다. 또한 기존의 경제적 생산성 분석에서 벗어나 환경적 생산성까지 고려하여 종합적 성과를 분석했다는 점이다. 이를 분석모형으로 정리하면 <그림 3-13>과 같다.

• 그림 3-13 분석모형

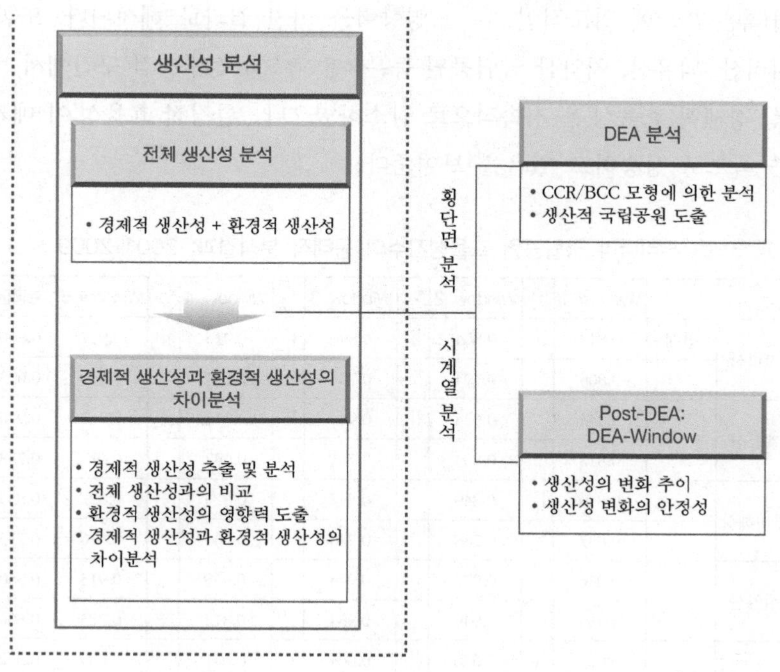

3) 분석사례 및 함의: '경제적 생산성'과 '환경적 생산성'의 차이분석

이 사례분석은 '환경적 효율성'이 '전체 효율성'의 증가에 미치는 영향력을 보여 준다.

증감방향을 확인할 수 있었던 총 72개의 (윈도우 간) 시점구간(*표시 행) 중 '전체 효율성'과 '경제적 효율성'의 방향이 상이한 구간(⇈)은 총 38개(전체의 52.8%)로 나타났다.

이 구간에서는 적어도 '환경적 효율성'의 증가분增加分(혹은 감소분減少分)이 '경제적 효율성'의 감소분(혹은 증가분)을 상쇄하여 '전체 효율성'의 증가(혹은 감소)에 압도적인dominant 영향력을 미친 결과로 해석된다. 또한, 지리산, 덕유산, 치악산 국립공원 등은 (윈도우 간) 전全 시점 구간에서 비록 '경제적 효율성'은 지속적으로 감소하였으나, '환경적 효율성'이 매기 큰 폭으로 상승하고 있음을 보여준다.

• 표 3-9 우리나라 국립공원 효율성지수의 동태적 분석결과: 2001-2009

		Window 1	*	Window 2	*	Window 3	*	Window 4	*	Window 5	총평균
지리산	전체	0.812	⇈	0.854	⇈	0.890	⇈	0.915	⇈	0.957	0.866
		0.808		0.794		0.701		0.614		0.549	0.693
계룡산		0.944		0.924	⇈	0.944	⇈	0.954	⇈	0.962	0.946
		0.816		0.803		0.761		0.682		0.616	0.738
한려해상		0.840	⇈	0.849		0.842		0.823		0.822	0.835
		0.837		0.788		0.730		0.666		0.646	0.733
설악산		0.976		0.973	⇈	0.974		0.955		0.913	0.958
		0.959		0.949		0.884		0.812		0.723	0.866
속리산		0.623	⇈	0.646	⇈	0.664		0.641		0.639	0.642
		0.564		0.529		0.480		0.463		0.429	0.493
내장산		0.904		0.871		0.864		0.835	⇈	0.842	0.863

		0.865		0.802		0.747		0.649		0.631	0.739
가야산		0.828		0.789	⇈	0.806		0.806	⇈	0.829	0.811
		0.520		0.486		0.456		0.432		0.401	0.459
덕유산		0.849	⇈	0.851	⇈	0.882	⇈	0.895	⇈	0.911	0.878
		0.750		0.740		0.717		0.683		0.673	0.713
오대산		0.910		0.909	⇈	0.921	⇈	0.933	⇈	0.941	0.923
		0.857		0.821		0.744		0.725		0.682	0.766
주왕산		0.931		0.888		0.849		0.838	↑	0.889	0.879
		0.638		0.633		0.616	⇈	0.636	↑	0.688	0.642
태안해안		0.569		0.641	⇈	0.662		0.636	⇈	0.650	0.630
		0.369		0.330		0.270		0.211		0.205	0.277
다도해해상		0.531	⇈	0.596	⇈	0.607		0.522		0.488	0.549
		0.270		0.251		0.218	⇈	0.230	⇈	0.243	0.243
북한산		0.961	↑	0.971	↑	0.999		0.997		0.992	0.984
		0.948	↑	0.973	↑	0.999		0.981		0.954	0.971
치악산		0.831	⇈	0.843	⇈	0.849	⇈	0.850	⇈	0.871	0.849
		0.564		0.535		0.476		0.422		0.411	0.481
월악산		0.705	⇈	0.860		0.824	⇈	0.852	⇈	0.884	0.825
		0.558		0.532		0.505		0.436		0.383	0.483
소백산		0.690		0.659	⇈	0.661		0.627	↑	0.632	0.654
		0.299	⇈	0.307		0.305		0.261	↑	0.264	0.287
변산반도		0.974		0.955		0.911		0.857	↑	0.894	0.918
		0.964		0.940		0.869		0.785	↑	0.801	0.872
월출산		0.962		0.789		0.761		0.694		0.615	0.764
		0.461		0.450		0.416		0.337	⇈	0.344	0.410

주1) *로 표시한 행(column)은 윈도우(window) 간 '전체 효율성'과 '경제적 효율성'의 증감방향을 의미함.
주2) *로 표시한 행(column)에서 ⇈, ↑는 효율성지수가 증가한 시간구간을 의미함. *로 표시한 행(column)에서 공란은 효율성지수가 감소한 시간구간을 의미함. (단, ↑는 '전체 효율성'과 '경제적 효율성'의 증가가 동일한 방향으로 이루어진 시간구간을 의미함; ⇈는 '전체 효율성'과 '경제적 효율성'의 증감이 반대방향으로 이루어졌음에도 불구하고 해당 효율성이 증가한 시간구간을 의미함)

메타회귀분석: 회귀분석을 회귀분석하다

1) 개념 및 특성

메타분석이란 분석의 분석을 한다는 의미로 사용되고 있는데, 이것은 낱낱의 연구 결과들을 통합할 목적으로 많은 수의 개별적 연구나 결과들을 통계적 방법을 사용하여 분석하는 것을 말한다.

메타회귀분석은 경제학에서 경험적인 연구를 조사하는 데 사용하는 특별한 메타분석의 형태로서Jarrell and Stanley, 1990; Stanley and Jarrell, 1998, 개별의 연구들을 통합하여 메타적으로 도출된 종합평균적 추정효과를 의미한다.

그러므로 메타회귀분석은 보고된 결과들에 영향을 미치는 방법들, 설계 그리고 데이터의 특별한 선택에 대한 범위를 확인해 줌과 동시에 종합적으로 통합된 메타결과를 도출하여 연구방향의 잠재적 유용성을 평가하고 새로운 연구의 지평을 열어준다는 데 의의가 있다T. D. Stanley, 2001.

2) 분석사례 및 함의

성균관대학교 국정전문대학원 김일태(2009)는 다중회귀분석을 통해 지식관리의 이론적 논의와 다수의 실증연구에서 확인된 요인이 일치하는지 살펴보고, 이론과 실증연구에서 확인된 요인들이 조직 성과에 미치는 영향력을 추정해보았다.

개별 연구에서 사용된 독립변수들을 특징에 따라 재 범주화하여 독립변수로 활용하였고, 종속변수로는 개별 연구에서 분석결과로 제시된 지식관리의 성과에 대한 평균값을 사용하였다. 이를 토대로 개별 논문들을 코딩하였고, 회귀분석의 자료로써 사용하였다.

본 연구는 다중회귀분석을 사용하였으며, STATA SE 10 version 패키지를 사용하였다.

〈코딩의 예제〉

	B	C	D	E	N	R	V	Z	AC	AF	AG	AI	AK	AN
1	분석범주	발행연도	분석대상	분석방법	지식관리활동	전략	프로세스	문화/사람	기술	구조	업무성과	내부성과	고객성과	조직성과
2	0	0	1	1	0.4905	0	0	0	0	0	1	0	0	0.981
3	0	0	1	1	0.4905	0	0	0	0	0	0	1	0	0.981
4	1	1	1	0	0.459	0.2705	0.227	0.223	0	0	1	0	0	1.45
5	1	1	1	0	0.62	0.2495	0.347	0.255	0	0	0	1	0	1.721
6	0	1	1	1	0.26	0	0	0	0	0	1	0	0	0.26
7	0	2	1	0	0.1695	0	0	0.233	0.056	0.307	1	0	0	1.274
8	0	2	1	0	0.1695	0	0	0.233	0.056	0.307	0	1	0	1.274
9	0	2	1	0	0.1695	0	0	0.233	0.056	0.307	0	0	1	1.274
10	1	2	1	0	0	0.532	0	0	0.711	0	0	1	0	1.243
⋮														
131	1	10	1	1	0.92	0.1702	0.0736	0.2294	0.1702	0	0	1	0	1.5634
132	1	10	1	1	0.715	0	0.1358	0.1144	0	0	1	0	0	0.9652
133	1	9	0	1	0	0	0	0.996	0.203	0	1	0	0	1.199
134	1	9	1	0	0	0	0	0.3556	0	0	1	0	0	0.7164
135	1	8	0	0	0.126	0	0.14933	0.253	0	0	0	1	0	0.827
136	1	8	0	0	0	0	0.16967	0.142	0	0	0	1	0	0.651

본 연구에서 시행된 분석절차를 간략히 소개하면 다음과 같다.

첫째, 연구들이 상위범주(지식순환 싸이클)를 연구하였으면 0, 하위범주(세부요소)를 연구하였으면 1로 코딩하였다.

둘째, 연구가 발행된 연도를 1999년을 기준으로 1999년 연구물은 0, 2000년 연구물은 1, 2001년 연구물은 2, 2002년 연구물은 3, 2003년 연구물은 4, 2004년 연구물은 5, 2005년 연구물은 6, 2006년 연구물은 7, 2007년 연구물은 8, 2008년 연구물은 9, 2009년 연구물은 10으로 코딩하였다.

셋째, 공공부문을 대상으로 한 연구는 0, 민간부문을 대상으로 한 연구는 1로 코딩하였다.

넷째, 회귀분석을 사용한 연구는 0, 구조방정식을 사용한 연구는 1로 코딩하였다.

다섯째, 개별 연구에서 사용된 독립변수들을 특징에 따라 재 범주화하여 6가지(지식관리활동, 전략, 프로세스, 문화/사람, 기술, 구조)로 범주화하였고 이들을 독립변수로 활용하였고, 개별 연구에서 분석 결과로 제시된 지식관리의 성과에 대한 독립변수들의 회귀계수를 코딩하였다.

〈STATA 통계패키지의 분석결과〉

```
      Source |       SS       df       MS              Number of obs =     135
-------------+------------------------------           F(  6,   128) =   39.03
       Model |  32.6519169     6  5.44198616           Prob > F      =  0.0000
    Residual |   17.847122   128   .13943064           R-squared     =  0.6466
-------------+------------------------------           Adj R-squared =  0.6300
       Total |  50.4990389   134  .376858499           Root MSE      =   .3734

------------------------------------------------------------------------------
         V40 |      Coef.   Std. Err.      t    P>|t|     [95% Conf. Interval]
-------------+----------------------------------------------------------------
         V14 |   1.488155   .1366691    10.89   0.000     1.217732    1.758579
         V18 |   .9369607   .1769807     5.29   0.000     .5867742    1.287147
         V22 |   1.058677   .1657021     6.39   0.000     .7308073    1.386547
         V26 |   1.256449   .2031311     6.19   0.000     .8545195    1.658379
         V29 |   .7600506   .1768567     4.30   0.000     .4101093    1.109992
         V32 |   .8367042   .2662242     3.14   0.002     .3099341    1.363474
       _cons |   .1209974   .0688922     1.76   0.081    -.0153177    .2573125
------------------------------------------------------------------------------
```

다중회귀분석을 실시한 결과 재 범주화 된 6개의 독립변수들이 지식관리 성과에 미치는 영향요인들을 살펴보면, 유의수준 0.1% 하에서 지식관리활동(V14), 전략(V18), 프로세스(V22), 문화/사람(V26), 기술(V29)에 대한 회귀계수가 유의미하게 나타났고, 유의수준 1%하에서는 구조(V32)에 대한 회귀계수가 유의미하게 나타났다. 종속변수에 대한 설명력(R^2)은 64.7%이고, 그 중에서 지식관리활동이 가장 중요한 요인으로 나타났다.

조직의 성과를 업무성과, 내부성과, 고객(시민)성과로 나누어서 살펴보았을 때 이들에 영향을 미치는 요인들은 달리 나타난다는 점도 확인되었는데, 그 중에서도 지식관리활동은 가장 중요하게 나타났다. 즉, 업무성과에 미치는 영향요인으로는 지식관리활동과 프로세스가 도출되었고, 내부성과에 미치는 영향요인으로는 문화/사람과 지식관리활동이 도출되었으며, 고객(시민)성과에 미치는 영향요인으로는 지식관리활동, 기술, 조직구조가 도출되었는바, 따라서 이러한 메타회귀분석을 통해 지식관리활동이 업무성과·내부성과·조직성과에 공통적으로 영향을 미치는 핵심 요인임을 발견할 수 있었다.

공간회귀분석

1) 개념 및 특성

지리학 제1법칙the first law of geography은 "세상의 모든 것은 서로 관련되어 있지만, 먼 것보다는 가까운 것과 더 밀접하게 관련되어 있다"는 것이다Tobler, 1970: 236. Tobler(1970)의 주장처럼, 지리적 공간에 놓은 모든 실체는 완전히 독립적이지 못하고, 그 실체들 간에는 공간자기상관spatial, autocorrelation, spatial dependence, spatial association을 지닌다(이희연 외, 2013: 591; 이석환, 2014: 39; 이대웅, 2019: 131). 이는 지리적으로 밀접한 자료를 사용할 경우에는 공간적 요소를 고려해야 함을 뜻한다.

Lee and Wong(2001)에 따르면, "공간자기상관에는 '정正적 공간자기상관positive spatial autocorrelation'과 '부不적 공간자기상관negative spatial autocorrelation'이 있다. 정正적 공간자기상관은 공간실체들이 서로 유사한 값을 가지며 군집적으로 분포하는 경우이며, 반대로 부不적 공간자기상관은 공간실체들이 서로 상이한 값들을 가지며 군집적으로 분포하는 경우이다."

공간회귀분석이란 공간자료를 회귀모형에 적용하는 분석방법으로, 이런 경우에는 반드시 공간자기상관을 고려해야한다. 따라서 회귀분석에 앞서 공간자기상관을 탐색하기 위해 반드시 공간데이터를 시각화 visualization하고, 공간자기상관의 유의성을 검증해 보는 과정을 거쳐야한다. 이를 탐색적 공간데이터분석exploratory spatial data analysis, ESDA이라고 한다. 탐색적 공간데이터 분석은 다음 3단계의 과정을 통해 이루어진다.

첫째, 탐색적 공간데이터 분석으로 데이터의 지도그리기data mapping이다. 이 방법은 특정 변수 데이터를 시각화함으로써 데이터의 공간특성을 파악하는 방법이다. 하지만 공간자기상관에 대한 통계적인 검증의 증거가 되지 못한다는 한계가 있다(김광구, 2003: 280; 이대웅, 2019: 132).

둘째, 모란지수Moran's I를 활용한 전역적 공간자기상관 계수 확인이다. Moran's I 검정은 전체 연구대상 지역에서 특정 변수가 공간적으로 집중되어 분포하는지 또는 무작위로 분포하고 있는가를 하나의 값으로 나타낸다. 따라서 전체 연구대상 지역에서 유사한 값이 나타나는 경우 정의 공간자기상관을 갖는 것이며, 상이한 값이 나타나는 경우 부의 공간자기상관을 갖는 것을 의미한다. 그러나 Moran's I 검정은 국지적 공간자기상관을 도출하지 못한다는 한계를 지니고 있다.

셋째, 이러한 한계를 보완하기 위해 LISALocal Indicator of Spatial Association 검정을 실시한다. LISA 검정은 공간자시상관의 국지적 변이를 고려한 지표로 군집지역과 함께 이례지역을 도출할 수 있다는 장점을 지닌다. 특정 지역의 값과 인접한 지역들의 값 간의 가중 평균 값이 유사하게 나타나면 정적인 자기상관으로 구분하며, 특정지역의 값이 인접한 주변지역들의 가중 평균 값과 큰 차이가 나타나면 부적인 자기상관으로 구분한다(이희연 외, 2013: 601). 모란 산포도 Moran Scatter Plot를 통해 네 가지 유형(높은 값 주변에 높은 값이 존재하는 High－High 유형, 낮은 값 주변에 낮은 값이 존재하는 Low－

Low 유형, 높은 값 주변에 높은 값이 존재하는 High－Low 유형, 낮은 값 주변에 높은 값이 존재하는 Low－High 유형)으로 구분할 수 있다.

이상 위의 3단계 과정을 통해 탐색적 공간데이터 분석을 실시한 후, 이를 근거로 본 분석을 실시한다. 일반적인 선형회귀분석은 최소자승기준ordinary least square을 기초로 공간적 독립성을 전제로 한다. 따라서 공간자기상관이 존재함에 따라 관측개체 및 오류항의 공간적 독립성 가정이 위반되는 상황에서 일반적 선형회귀분석을 실시할 경우 표준오차를 과장되고 편향되게 만들며 결국 부정확한 분석결과의 도출로 이어지게 된다(정진성, 2013: 55－56). 따라서 선형회귀모형OLS보다 공간회귀모형을 활용하는 것이 적절한가에 대한 판단을 먼저 내릴 필요가 있으며, 이를 위해 내리기 위해 분석모형 추정 및 검정을 실시한다. 공간회귀모형은 공간시차모형spatial lag model과 공간오차모형spatial error model으로 구분할 수 있다.

공간시차모형은 이웃한 지방정부에 대한 평균 가중치인 공간시차변수를 회귀모형에 추가하여 인접한 지역의 관측치에 대한 영향력을 통제하는 것이다(이희연, 2010: 136). 만약 오차에서 공간자기상관성을 갖고 있다면, 이는 공간자기상관을 갖고 있는 변수로 인해 나타나는 파급효과라고 할 수 있기에 이런 경우에는 공간오차모형을 활용하여야 한다(이희연 외, 2013: 605－609).

이처럼 공간시차모형을 사용할지, 공간오차모형을 사용할지를 판정하기 위해 라그랑지 승수검정LM: Lagrange Multiplier Test을 실시하게 된다. 이를 통해 도출되는 LM－Lag, LM－Error의 통계치가 통계적으로 유의하다면 종속변수와 오차항의 공간적 독립성에 관한 귀무가설이 기각된다. 즉

● 표 3-10 분석변수

<table>
<tr><th>구분</th><th colspan="2">변수</th><th>측정지표</th></tr>
<tr><td>종속
변수</td><td colspan="2">5대 범죄 발생률</td><td>• 인구 10만 명 당 5대 범죄 발생건수</td></tr>
<tr><td rowspan="15">독립
변수</td><td rowspan="2">공간효과</td><td>공간시차변수</td><td>• ρ(Rho)</td></tr>
<tr><td>공간오차변수</td><td>• λ(Lambda)</td></tr>
<tr><td>거버넌스
역량</td><td>지역치안협의회</td><td>• 지역치안협의회 시행하면 1, 아니면 0</td></tr>
<tr><td rowspan="3">행정적
역량</td><td>범죄 감시 시설</td><td>• 인구 10만 명당 CCTV 수</td></tr>
<tr><td>범죄 관련 예산</td><td>• (범죄 관련 예산액/전체 예산액)×100</td></tr>
<tr><td>범죄 담당 기관</td><td>• 인구 10만 명당 경찰 공무원 수</td></tr>
<tr><td rowspan="3">물리적
환경</td><td>유해시설</td><td>• 1km^{2}당 유해시설 수(유흥업소 수+숙박업소 수)</td></tr>
<tr><td>도시공원부지</td><td>• (도시공원부지면적/총 면적)×100</td></tr>
<tr><td>학교용지</td><td>• (학교용지면적/총 면적)×100</td></tr>
<tr><td rowspan="5">사회
경제적
요인</td><td>지역경제수준</td><td>• 1인당 지방세 부담액(원)</td></tr>
<tr><td>인구이질성</td><td>• (거주 외국인 수/인구 수)×100</td></tr>
<tr><td>가정해체</td><td>• 이혼건수/인구 수×100</td></tr>
<tr><td>저소득층
한부모 가구</td><td>• (저소득층 한부모 가구 수/전체 가구 수)×100</td></tr>
<tr><td>기초생활
수급가구</td><td>• (기초생활수급 가구 수/전체 가구 수)×100</td></tr>
</table>

출처: 이대웅 & 이다솔(2020).

LM−Lag값이 유의한 경우 공간시차모형을 적용하며, LM−Error값이 유의한 경우 공간오차모형을 사용하게 되는 것이다(이희연 외, 2013: 610−611).

공간효과는 공간시차변수와 공간오차변수로 구분된다. 종속변수가 공간자기상관을 가지면 특정지역의 종속변수는 이웃한 지역으로부터 파급효과spillover effects를 받게 된다. 이러한 영향을 공간시차변수ρ, Rho를 통해 확인한다. 다음으로 공간자기상관이 일어나는 변수를 관측할 수 없거나 또는 공간 데이터가 집계되는 관측에서 오차가 발생하는 경우가 있는데, 이러한 영향은 공간오차변수λ, Lambda를 통해 검증한다.

2) 분석사례 및 함의[13)]

본 연구의 목적은 5대 강력범죄의 발생요인을 공간효과를 중심으로 밝히는 것이다. 종속변수는 서울특별시와 경기도 내 5대 범죄(살인, 강도, 강간, 폭행, 절도) 발생률이다(인구 10만 명당 발생률, 2015년 기준). 독립변수는 공간효과, 거버넌스 역량, 행정적 역량, 물리적 환경, 사회경제적 요인이 설정되었다. 구체적인 측정지표는 위 <표 3-10>과 같다.

Moran's I 검증 결과, 통계적으로 유의한 수준에서 0.2229로 '정(正)적 자기상관'을 갖는 것으로 나타났다. 즉 5대 범죄가 많이 발생하는 지역 주변에는 5대 범죄 발생률이 높은 지역이 존재하며, 반대로 5대 범죄 발생률이 낮은 지역 주변은 거꾸로 5대 범죄 발생률이 낮은 지역이 존재하면서 인접한 지역이 서로 유사한 값을 나타내며 공간적 군집을 이루고 있는 것이다. 이는 전체 연구지역 내 5대 범죄 발생률은 전체적 자기상관성을 지니고 있기에 만약 이를 일반회귀분석모형을 사용하여 분석한다면 편향된 회귀계수beta가 도출되는 문제가 발생됨을 의미한다.

다음으로 Morsn's I를 통해 검증이 불가능한 연구지역 내 발생할 수 있는 공간자기상관의 국지적 변이local variation를 LISAlocal indicators of spatial association 검증을 통해 분석하였다. 공간자기상관 정도에 따라 각 유형별 범죄의 핫스팟High-High과 콜드스팟Low-Low 지역을 색의 진하기로 표현한 LISA지도는 아래 <그림 3-14>와 같다. 첫째, 5대 범죄 발생률이 높은 지방정부가 인접하고 있는 핫스팟High-High 지역으로는 강서구, 광진구, 동대문구, 동작구, 서초구, 성동구, 중랑구, 용산구, 은평구, 중구 등이

• 그림 3-14 5대 범죄 발생률의 LISA 검증결과

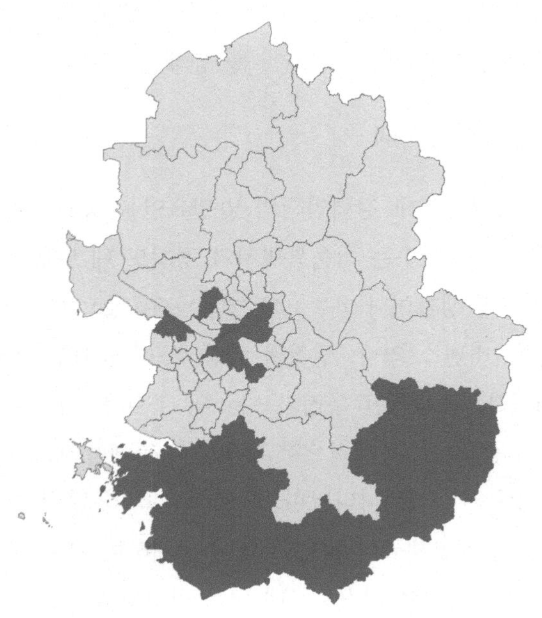

제시되었다. 반면에 5대 범죄 발생률이 낮은 지방정부가 인접하고 있는 콜드스팟Low-Low 지역은 화성시, 수원시, 오산시, 평택시, 안성시, 이천시, 여주시 등이 제시되었다. 국지적 공간자기상관 분석결과는 단순한 범죄 발생률 정보와는 차이가 있는데, 이는 각각의 지역이 그 지역을 둘러싼 주변지역과 비교하여 특히 유의미하고 높은 통계치를 가질 때 핫스팟 지역으로 설정이 되기 때문이다.

분석에 적합한 모형을 선정하기 위해 실시한 라그랑지 승수Lagrange Multiplier 검증 결과는 다음과 같다. 먼저 LM-Lag는 $p<0.05$ 수준에서 공간적 독립성에 관한 귀무가설이 기각된 반면, LM-Error는 귀무가설이 기각되지 않았다. 따라서 본 연구에서는 선형회귀모형과 공간오차모형

• 표 3-11 공간적 종속성 검증

공간적 종속성 검증	Value	Prob
LM-Lag	3.9885	0.0458
LM-Error	0.2443	0.6211

보다 공간시차모형을 활용해서 분석하는 것이 타당하다고 판단되었다.

공간회귀모형의 적합도는, 로그우도, AICAkaike Info Criterion, SCSchwarz Criterion 등으로 검정한다. <표 3-12>를 살펴보면, 모형 설명력은 선형회귀모형 0.9341, 공간오차모형은 0.9359로 나타난 반면, 공간시차모형이 0.9386로 나타나 설명력이 가장 높게 나타났다. 모형 적합성으로 AIC는 선형회귀모형에서 849.051, 공간오차모형에서 848.373으로 나타났으나, 공간시차모형에서는 847.274로 줄어들었다. 로그우도 값 역시 공간시차모형이 -409.637로 선형회귀모형(-411.525), 공간오차모형(-411.186)에 비해 줄어들었다. AIC와 로그우도 값이 줄어든 것은 모형의 적합도가 높다는 뜻이다. 따라서 이상의 AIC와 로그우도 값을 통해 공간시차모형이 가장 적합한 모형이라고 판단할 수 있다.

위에서 논의한 공간시차모형을 근거로 우리나라 수도권에서 발생하는 5대 범죄의 영향요인의 분석결과는 다음과 같다. 공간시차모형에서 가장 중요한 공간시차변수 ρRho값은 통계적으로 유의한 수준에서 0.1950으로 도출됐다. 해당 변수는 본 연구에서 종속변수인 5대 범죄발생에 영향을 미치는 공간적 파급효과를 나타낸다. 따라서 특정 지방정부의 5대 범죄발생은 이웃하는 주변 지방정부의 5대 범죄발생에 정(+)의 영향을 받는다고 해석할 수 있다. 즉 특정 지방정부의 5대 범죄발생은 인접한 지방정부의 5대 범죄발생이 증가할수록 증가하는 것이다.

• 표 3-12 공간회귀분석결과

변수		선형회귀모형 (OLS)	공간시차모형 (SLM)	공간오차모형 (SEM)
공간효과	ρ(Rho)		0.195003*	
	λ(Lambda)			−0.41776
거버넌스 역량	지역치안협의회	−285.681	−266.347*	−314.621*
행정적 역량	범죄 감시 시설	−0.555056**	−0.583212***	−0.513865***
	범죄 관련 예산	−124.759	−85.9762	−166.282**
	범죄 담당 인력	3.41697***	3.34547***	3.5798***
물리적 환경	유해시설	9.07085**	7.96038**	8.79348***
	도시공원부지	33.205	40.2221	28.4922
	학교용지	24.4841	18.6257	33.4132
사회 구조적 환경	지역경제수준	6.85643e−005	7.1841e−005	6.41892e−005
	인구이질성	11.407	12.4401*	8.63444
	가정해체	529.986***	595.032***	542.132***
	저소득층 한부모 가구	150.111	148.177	87.562
	기초생활 수급가구	−75.7037	−68.7936	−65.4233
상수항		−277.822	−810.141*	−270.517
모형 설명력	R^2	0.934122	0.938646	0.935928
모형 적합성	AIC	849.051	847.274	848.373
	SC	875.38	875.629	874.702
	Log Likelihood	−411.525	−409.637	−411.186447
공간종속성진단	Likelihood Ratio		3.7771*	0.6779

※ *p<0.1, **p<0.05, ***p<0.01

지금까지 공간회귀분석의 효용성을 살펴보았다. 다소 복잡한 듯이 보이나 안내된 절차를 따라 시행한다면 크게 어려울 것도 없을 것이다. 중요한 점은 공간적으로 인접한 자료를 사용할 때 그 인접성에서 오는 효과를 회귀모형에 반영해야 한다는 것이다. 또한, 공간시차모형과 공간오차모형의 판단 기준을 잘 정리해 둘 필요가 있겠다.

좀 더 구체적으로 정리해 두면 다음과 같다. 1) 지리적으로 인접한 자료를 사용한다면, 그 인접효과나 이웃효과 혹은 모방효과 등으로 인해 관측개체 및 오류항의 공간적 독립성이 깨진다. 2) 이로 인해 표준오차의 측정을 과장over-estimated되거나 편향biased되게 만든다. 3) 따라서, 이런 경우에는 공간효과를 감안한 공간회귀모형을 돌리는 게 적합하다. 4) 공간회귀모형에는 공간시차모형과 공간오차모형이 있는데, 어느 것이 더 적합한 지는 라그랑지 승수 검증LM Test: Lagrange Multiplier Test 결과를 사용하면 된다. 5) 마지막으로, LISALocal Indicators of Spatial Association 검정이나 모란 산포도Moran Scatter Plot를 사용하면, 각 유형별 핫스팟High-High과 콜드스팟Low-Low 지역을 도출할 수 있어 고급 분석의 정교함elegance과 함께 정책 분석의 타당성validity을 제고할 수 있다.

제3절 질적분석

정책델파이

1) 개념 및 특성

고전적 델파이는 단순한 미래예측, 특히 미래의 사건 변화에 대한 전문가들 간의 합의 도출을 위해 개발된 것인데 비해, 정책델파이는 정책문제의 잠재적인 해결방안을 둘러싸고 다양하게 제기되는 의견들을 노출시키고 종합함으로써 바람직한 대안의 개발을 위해 델파이 방법을 응용한 것이다.

정책결정 과정에서는 이해관계와 관점, 입장을 달리하는 다양한 참여자들이 서로 다른 선호와 판단에 입각하여 다양한 정책대안을 제기하고 지지하게 되는데, 이때 정책델파이는 여러 사람들의 다양한 입장과 정책대안들을 드러냄으로써 창의적이고 바람직한 대안을 개발하는 데 목적이 있다(강근복, 2002: 115; 권기헌, 2008b: 277).

2) 방법 및 절차

정책델파이의 분석 방법 및 절차를 살펴보면 다음과 같다. 우선, 정책분석팀이 델파이 참여자를 선정하고 설문지를 설계한다. 대체적으로 첫 단계에서 쓰여질 설문내용은 개방형 질문인 경우가 많지만, 정책분석팀이 정책문제와 가능한 해결방안에 대해 잘 알고 있는 경우는 구조적(선택적) 질문이 사용된다. 이렇게 설계된 설문지에 문제해결을 위해 하나 또는 두세 가지의 대안을 적거나 설문지에 제시된 대안목록 중에서 선택하면 되는데, 이때 중요한 것은 의견 제시는 익명으로 한다는 것이다.

설문지가 회수되면 분석팀은 응답결과를 분석하여 델파이 참여자들의 의견을 파악하여 정리한다. 정리된 대안들이 다시 참여자들에게 제공되면, 참여자들은 다른 사람들의 의견을 검토한 후 가장 좋다고 생각하는 대안을 우선순위를 정하여 선택하거나, 혹은 자신의 의견을 제시하도록 한다.

설문지를 회수하고, 의견을 정리하고, 다시 설문하는 절차를 몇 차례 되풀이한다. 이 과정에서 각자는 자신의 의견을 자유롭게 진술할 수 있는 기회를 가질 수 있어야 하고, 자신의 주장이 다른 사람의 것과 다를 경우 어떻게 다르며, 왜 다른가에 대한 전제조건들을 검토할 수 있어야 한다. 그리고 자신의 생각을 재검토하고 수정할 수 있어야 한다. 이런 과정을 여러 번 거쳐 대안이 2~3개로 압축되면, 마지막으로 회의를 소집해서 설문에 대한 응답을 통해 충분히 드러나지 않은 가정, 대안의 특징, 비용과 효과 등을 밀도 있게 토론함으로써 대안 탐색을 마무리 짓는다.

3) 분석사례 및 함의: 남북한 교류협력 예측

(1) 사례개요

정책델파이 기법을 적용하여 남북교류협력사업의 성격을 진단한 연구가 있다. 이는 정책델파이 기법을 활용하여 『남북한 지방자치단체의 교류·협력 전망과 접경 지역의 기능변화』를 미래예측한 것이다.[14)]

(2) 남북교류협력사업의 성격 진단

<표 3-13-a>는 남북교류협력사업의 경제적·인적 교류, 지역개발, 체육·문화 및 민간관광교류의 부문별 기여도를 살펴, 이 사업의 성격을 진단하는 모습을 보여준다.

• 표 3-13-a 남북교류 협력사업의 부분별 기여도에 관한 설문결과

1.1 제시된 각각의 교류와 협력부분에 대한 기여도(응답자 수)				
가. 경제교류 : ① 절대적( )	② 상당부분 (9)	③ 일정부분 국한(4)	④ 미미함(5)	⑤ 전혀 무관( )
나. 인력교류 : ① 절대적( )	② 상당부분 (8)	③ 일정부분 국한(5)	④ 미미함(5)	⑤ 전혀 무관( )
다. 지역개발 : ① 절대적( )	② 상당부분 (1)	③ 일정부분 국한(8)	④ 미미함(5)	⑤ 전혀 무관(4)
라. 체육/문화 : ① 절대적( )	② 상당부분 (9)	③ 일정부분 국한(4)	④ 미미함(5)	⑤ 전혀 무관( )
마. 민간관광 : ① 절대적( )	② 상당부분 (9)	③ 일정부분 국한(4)	④ 미미함(5)	⑤ 전혀 무관( )

1.2 문항 1.1의 항목을 상대적으로 비교할 경우 기여도에 따른 우선순위					
우선순위	경제교류	인적교류	지역개발	체육/문화	민간관광
1순위	4	3			7
2순위	3	7	2	2	2
3순위	6	3		4	6
4순위	4	1	5	3	3
5순위	1	2	11	5	
결 과	3순위	2순위	5순위	4순위	1순위

(3) 남북교류협력사업의 추진 방향

<표 3-13-b>를 통해 중장정부, 지방정부 및 민간의 참여도를 살펴 참여단체를 추세를 살펴본 뒤, 앞으로 남북교류·협력 사업을 활성화시키기 위해 중앙정부, 지방자치단체, 인도적 지원의 민간단체, 민간기업체의 4개 단체 중 어떠한 단체의 기능과 역할이 강화되어야 할지를 살펴볼 수 있다.

• 표 3-13-b 남북교류협력사업의 단체별 기능과 역할에 관한 설문결과

2.1 정부(중앙, 지방) 및 민간단체(민간기업 제외)의 남북교류 추진에 있어서 차이점				
① 완전히 다름 ( )	② 상당부분 (7)	③ 일정부분 국한 (3)	④ 거의 차이 없음(7)	⑤ 전혀 차이 없음( )
2.2 남북교류를 활성화시키고자 할 때 기능과 역할이 강화되어야 할 단체?(우선순위)				
우선순위	중앙정부	지방자치단체	인도적 지원의 민간단체	민간기업체
1순위	9		2	5
2순위	1	5	1	7
3순위	3	6	3	2
4순위	2	3	8	1
결 과	1순위	3순위	4순위	2순위
2.3 앞으로 남북교류협력사업이 추진되어야 할 방향(중앙정부, 지방정부 및 민간을 망라한 관점)				
① 인도적 지원중심의 교류(2)	② 쌍방의 경제발전을 위한 상호교류(13)	③ 민족동질성 회복을 위한 체육/문화의 인적교류(3)	④ 균형적 지역발전을 위한 교류( )	

(4) 남북교류협력사업의 추진 정책

다음으로 <표 3-13-c>를 통해 현 단계와 차기 단계에서 추진해야 할 남북교류협력사업의 항목을 살펴봄으로써 구체적인 남북교류의 방안을 모색할 수 있다.

• 표 3-13-c 지방자치단체가 추진하여야 할 남북교류협력사업의 항목

3.1 지방자치단체가 남북교류협력사업을 추진할 경우 적절한 추진사안
(적절하다고 생각하는 항목에 표시한 결과)

① 정치적 사안( ) ② 외교적 사안( ) ③ 국방적 사안( )
④ 행정적 사안(6) ⑤ 경제적 사안(12) ⑥ 인도적 사안(11)
⑦ 문화/체육교류(14) ⑧ 지역개발(15) ⑨ 방재/예방사임(15)
⑩ 농, 축산 물자 생산 및 기술교류(14)

3.2 문항 3.1에서 추진이 적절하다고 표기된 항목 중 현단계, 차기 단계 및 장기적 입장에서 추진될 항목(해당하지 않을 경우 칸을 비워둠)

	①	②	③	④	⑤	⑥	⑦	⑧	⑨	⑩
현 단 계				2	4	10	13	3	11	11
차기단계				3	3		1	8	2	2
장 기				1	5	1		4	2	2

(5) 남북교류협력사업의 최종 전략: 최종 시나리오의 개발

마지막으로 <그림 3-14-d>은 앞의 세 가지 설문지를 1차 설문과 2차 설문을 통해서 일정한 합의를 도출한 것으로 남북교류협력사업의 최종적인 추진전략, 즉 시나리오라 할 수 있다.

정책분석가 및 정책결정자는 불확실한 상황에서 정책결정을 하게 될 가능성이 크므로, 실제 정책의 결과와 파급효과에 대해 어느 정도의 예측을 하면서 정책분석 및 결정을 하지 않으면 안 된다. 이러한 관점에서 정책델파이는 정책결정을 위한 메카니즘 뿐만 아니라 정책을 분석하기 위한 도구로서도 큰 의미를 지닌다고 하겠다.

• 그림 3-14-d 지방자치단체의 남북교류·협력관련 단계별 추진전략

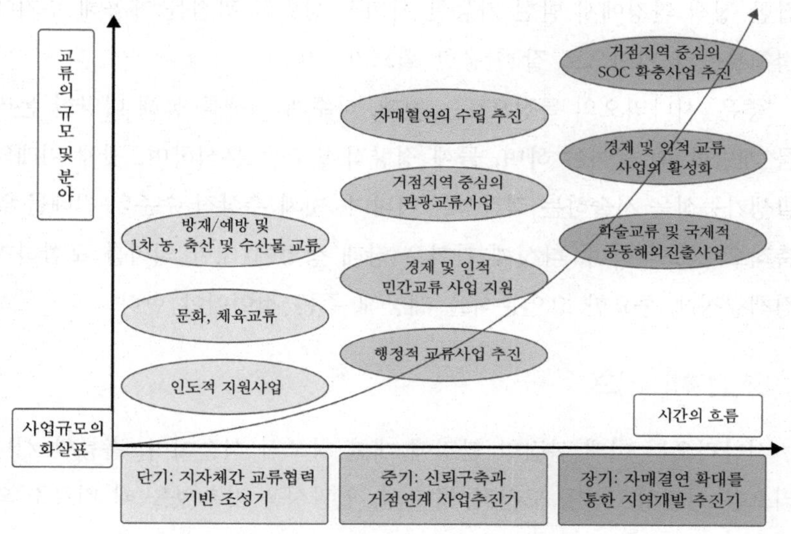

시나리오기법

1) 개념 및 특징

시나리오는 현재에서 미래시점까지의 경로를 서술하는 이야기narration, 이미지image, 또는 지도map를 의미하는 것이다. 시나리오는 정책 적용 시 나타날 여러 가지 상황들이 어떻게 펼쳐질지를 알게 해주는 직관적, 질적, 대안적 도구Peter Schwartz, 1991[15]로 정의되거나, 단순한 통계적 정책 예측forecast에 그치는 것이 아니라 정책성공에 대한 비전을 명확하게 하는 도구Michael Porter, 1996로 정의된다.

시나리오는 정책 결정을 하기 위해서 정책 적용 시 나타날 여러 가지

상황들이 어떻게 펼쳐질지를 알게 해주는 도구Peter Schwarts, 1991인 바, 복잡한 정책 환경에서 발현 가능한 사회적 상황의 관점을 제공해 주기에 정책분석의 기법으로 잘 활용할 필요가 있다.

'좋은' 시나리오의 특징으로는 첫째, 다수의 견해를 통해 다양한 논리를 개발할 수 있어야 하며, 둘째 정량적 변화를 분석하며, 셋째 미래의 발생가능성을 서술하는 객관성을 지니며, 넷째 추상적 수준의 견해를 압축적으로 표현하며, 다섯째 가까운 장래 상황에 대한 의미를 포함하며 정책결정에 중요한 요인분석을 제공해 주는 것이어야 한다.

2) 전략적 사고

시나리오는 미래 복잡한 환경에 대한 창조적 서술이며, 훌륭한 시나리오는 신뢰성, 근거, 도전적, 중요성, 일관성을 갖추었을 때 비로소 의미가 있다.

3) 분석사례 및 함의: 미국 방위산업의 미래예측 시나리오

(1) 사례개요

미국 방위산업의 미래예측 시나리오 연구에서는 1) "미국의 시장 주도" 2) "위험한 가난" 3) "지역 시장" 4) "평화와 번영" 5) "우선순위의 혼란" 6) "고립주의"라는 여섯 개의 시나리오를 제시하였다.

(가) "미국의 시장 주도" 시나리오

"미국의 시장 주도" 시나리오에서는 유럽, 아시아, 그리고 북미 내에서 매우 경쟁적인 무역 블록이 형성될 것으로 예상한다. 세 지역은 에너지와 자원에 대한 주도권을 위해 경쟁을 하는 동시에 개발도상국 내에서의 긴장과 불안에 직면하게 되며, 지역 분쟁의 위험성이 큰 제 3세계에서는 국가재정에 있어 군사력에 집중하게 되는데, 많은 국가들은 미국이 보유하고 있는 군사력을 빌어 무장하고자 하며, 이에 따라 "미국이 시장을 주도" 한다는 시나리오이다.

(나) "위험한 가난" 시나리오

"위험한 가난" 시나리오에서는 전 세계적으로 불안감과 미국에 대한 적개심이 매우 높다. 각국은 국방에서 큰 규모의 지출을 필요로 하고, 경제는 적자 상태로 장기적인 불황에 처해 있고, 무역에 있어서 극심한 경쟁이 이루어진다.

(다) "지역 시장" 시나리오

"지역 시장" 시나리오에서는 미국의 방위 산업체들을 위한 활력 넘치는 방위산업 시장을 제안한다. 안보에 대한 불안감이 매우 높아서 세계적 무기 시장이 형성될 것으로 예측된다. 하지만 안보에 대한 위협은 국지적이다.

(라) "평화와 번영" 시나리오

"평화와 번영" 시나리오에서 세계는 국방에 낮은 우선순위를 둔다. 국가 안보보다는 경제적인 활력에 초점이 맞춰진다. 군사적인 분쟁은 주로 국지적이며, 세계의 경제는 무역과 상호 의존의 증가로 인해 번성한다.

(마) "우선순위의 혼란" 시나리오

"우선순위의 혼란" 시나리오에서는 명확한 적이 없기 때문에, 미국 정부의 국방에 대한 지출은 매우 유동적이 될 것이다. 이 시나리오에서 제시하고 있는 딜레마는 미국 정부의 불안정함으로 인해 국가의 우선순위를 선정하는 데 어려움을 겪는다는 것이다.

(바) "고립주의" 시나리오

"고립주의" 시나리오에서는 세계적으로 불안감이 매우 낮으며, 위험이 분산되어 있고, 강력한 경제력을 가지고 있는 상황을 가리킨다. 비록 성장률은 낮지만 안정적인 미국의 틈새시장은 안보를 위해 막대한 투자를 하게 되지만 미국 방위 산업체를 통해 무기를 구매하는 것은 꺼려질 것으로 보인다. 이러한 경향에 따라서 대다수의 무기 산업들은 해외로 이동하게 되며 미국의 "고립주의"는 심화될 것이다.

(2) 쟁점 및 시사점

위의 사례는 대규모 시나리오 워크샵에 기초한 미국 방위산업의 미래 예측 시나리오를 잘 보여주고 있다. 이러한 시나리오 분석은 대안적인 시나리오에서 국방에 대한 지출을 예측할 수 있도록 해 준다. 각각의 시나리오들은 서로 상이한 방위 산업의 조건을 제시하고 있으며, 또한 중거리 탄도탄 방위 업체의 작업 그룹이 각각의 시나리오들의 동인들에 대한 의견을 가지고 있기 때문에, 이러한 시나리오는 정부 및 기업의 장기적 방위산업 전략기획에 많은 시사점을 던져 준다(최항섭, 2006).

이와 연관하여 미래 세계정세를 긍정으로 볼 것인가 비관으로 볼 것인가에 대한 시나리오가 발표된 바 있다. 피터 슈와츠는 인류가 과학 기술의 인터넷 물결을 타고 혁신을 통해 미래로 나아가는 것에는 낙관적이다. 그러나 그는 성공하기 위해서는 누구도 전 세계적인 책임을 지지 않았던 세계 제1차 대전 이후와 반대되는 제2차 대전 후에 나타난 국제적 리더십과 유사한 형태의 새로운 리더십이 등장해야 한다는 점을 강조했다. 이러한 글로벌 리더십이 등장할 때 갈등과 분쟁은 해소할 것이며, 격차를 완화하고 무정부 상태로의 추락을 막아줄 것이라고 예측하였다(최항섭, 2006).

• 그림 3-15 "네트워크 서핑"과 "무정부 상태로의 추락" 시나리오 비교

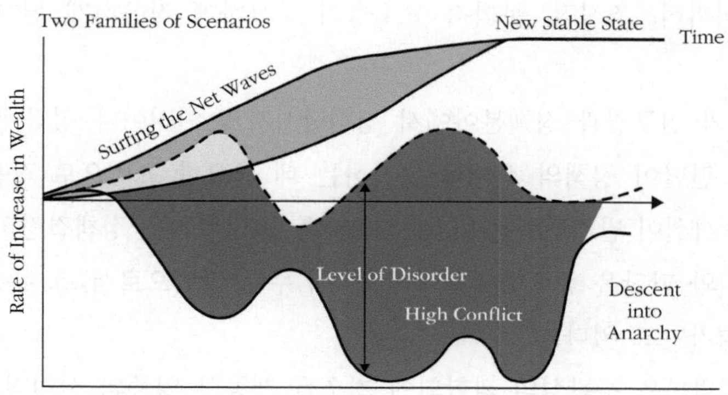

자료: Global Business network.

Q 방법론의 활용

회귀분석은 설문을 통한 데이터 수집이나 각종 통계 자료들을 이용해서 연구한다. 이를 R 방법론이라고 한다. 이에 반해 Q 방법론은 어떤 특정 연구 주제에 대한 진술문을 20개로 요약하고, 약 30명의 전문가들에게 5점 척도로 그 중요성의 정도를 체크하게 함으로써 보다 더 깊이 있게 분석할 수 있도록 도와주는 질적 연구기법이다.

1) 정책 연구와 인간의 주관성

정책결정 및 정책집행에 영향을 미치는 요소들은 정책과정이 진행되는 정치적, 사회적, 경제적 요인들과, 관료적, 조직적, 문화적 변수들인바, 정책 당사자들이 이들의 변수에 대하여 인지하는 중요성이 항상 동일한 것은 아니다. 각 정책의 당사자들은 자신들의 처한 입장에 따라 변

수들의 중요성을 다르게 인식하고 있으며, 정책과정에 임하는 정책 당사자의 심리적, 조직적, 문화적 요소들이 중요하게 작용하게 된다Goggin, 1987.

다수의 연구결과 정책분야에서 정책당사자의 인식이나 성과에 대한 주관적 판단이 정책의 성패를 평가하는 데 중요한 요인으로 작용하고 있다는 사실이 발견되었는바(김순은, 2007), Q 방법론은 정책결정의 주관적 가치와 판단을 중요하게 고려하게 해 주는 방법으로서 그 유용성을 높이 평가받고 있다.

Q 방법론은 주관성의 과학화에 기초를 제공한 일종의 심리적, 조직적, 문화적 계량분석 도구이며, 질적 연구방법의 중요한 수단으로 꼽히고 있다. 전통적 연구방법인 R 방법론은 연구 대상의 배경적 특색, 예를 들면, 학력, 체중, 신장, 나이, 성별 등 간의 구조적 특색을 발견하는 데 사용되는 데 반해, Q－방법론은 연구 대상자의 특정 주제 및 자극에 대한 주관적 의견이나 인식의 구조를 확인하는 데 사용된다. 결국 전통적 R 방법론은 연구자가 결정한 조작적 정의가 연구 대상자의 행태나 태도를 결정하고 제약하는 반면, Q－방법론은 연구 대상자가 자율적으로 결정하기 때문에 연구자의 조작에 좌우되지 않는 장점을 지닌다Brown, 1980.

2) 방법 및 절차

서인석 외(2009)는 "Q－방법론을 활용한 서울시 미래대기환경(2030년)의 전망: 서울시 미래대기환경의 위험용소 및 정책과제"에서 전문가 패널조사를 통해 얻어진 20개의 진술문을 토대로 서울시 미래대기환경의 위험요소를 Q 방법론을 통해 분석하였다.

첫째, 20개의 진술문에 대해 4개의 요인들을 추출하였다. 이는 먼저, 주성분요인분석principle component factor analysis을 통해 분석한 후 요인 선정 기준에 따라 4개의 중요 요인들을 추출하였다.

둘째, 주요 요인들을 배리맥스Varimax방법으로 회전시켰으며, 이 과정에서 각 요인들에 부하된 요인 적재값을 각 응답자별로 비교하고 강한 특성을 보이는 응답자를 구별하였다.

3) 분석사례 및 함의

no	진술문	요인1	요인2	요인3	요인4
1	중국의 산업화와 사막화 현상 등으로 인해 더욱 증대된 황사는 천식환자의 증가를 가져올 것이다.	0	−3	2	1
2	오존 오염도의 증가는 스모그와 시정장애 현상을 증가시켜 건강피해를 가져올 것이다.	0	0	3	2
3	아황산가스의 증가는 대기오염 악화의 주된 요인이 될 것이다.	1	−1	0	0
4	일산화탄소 및 이산화탄소의 증가는 대기오염 및 건강을 악화시킬 것이다.	1	0	2	−1
5	TSP(먼지)의 증가는 대기오염 및 건강의 악화시킬 것이다.	2	0	0	−1
6	VOC(휘발성유기탄소)의 증가는 대기오염 및 건강을 악화시킬 것이다.	3	−2	−1	−2
7	질소의 증가는 대기오염 및 건강을 악화시킬 것이다.	2	−1	−3	−2
8	벤젠은 대기오염 및 건강의 악화시킬 것이다.	1	0	−1	0
9	염화수소(HCl)는 대기오염 및 건강을 악화시킬 것이다.	1	0	−2	−1
10	국내대기환경지수의 측정은 보다 견고해져야 할 것이다.	0	1	1	1
11	환경기준치는 보다 강화되어야 한다.	−1	1	1	0
12	교통수단의 배출가스의 대한 대책은 보다 강화되어야 한다.	−2	1	1	3

13	천연가스자동차 및 전기자동차와 같은 환경교통수단은 지속적으로 개발되어야 한다.	−3	0	0	1
14	공사장·사업장의 먼지는 점점 증가하여 대기오염 및 건강의 악화시킬 것이다.	−1	1	−1	0
15	기술의 발전은 대기환경오염의 피해를 감소시킬 것이다.	−1	−2	0	−3
16	대기환경오염정보에 대한 시민의 확인이 보다 중요해질 것이다.	0	2	−2	1
17	대기환경오염에 대한 피해를 감소시키기 위한 시민의 대기환경에 대한 관심도가 매우 중요하다.	0	2	0	−1
18	선진국의 방식대로 미래 서울시의 대기환경제고를 위해서는 그린지역(Green Zone)의 확대를 통해 자전거와 같은 친환경 교통수단을 확대하는 것이 가장 중요하다.	0	3	1	2
19	증가하는 PM10을 해소하는 데 있어 현재의 저감방안들은 큰 실효성을 발휘하기 어렵다.	−1	−1	−1	0
20	서울시 대기환경오염에 있어 2차 오염물질인 미세먼지와 오존의 문제가 중요하게 대두되고 있지만, 아황산가스의 1차 오염물질이 여전히 더 시급히 해결해야할 대기오염물질이다.	−2	−1	0	0

요인분석 결과는 4개의 유형으로 묶였다. 이들은 요인적재량으로 나타나는데, 그 요인적재량은 제1요인이 4.61681로 가장 높았으며, 그 다음으로 제4요인이 1.21371, 제2요인이 0.7975, 그리고 마지막으로 제3요인이 0.75393으로 구성되었다. 제1요인은 직접적 위해요인을 중시하는 관점이었고, 제4요인은 규제정책적 요인을 중시하는 관점이었으며, 제2요인은 사회적 책임요인을 중시하는 관점이었고, 마지막으로 제3요인은 간접적 위해요인을 중시하는 관점이었다.

• 표 3-14 [제1요인]의 주요 진술문

no	진술문
6	VOC(휘발성유기탄소)의 증가는 대기오염 및 건강을 악화시킬 것이다. (+3)
5	TSP(먼지)의 증가는 대기오염 및 건강의 악화를 가져올 것이다. (+2)
7	질소의 증가는 대기오염 및 건강의 악화를 가져올 것이다. (+2)
12	교통수단의 배출가스에 대한 대책은 보다 강화되어야 한다. (−2)
20	서울시 대기환경오염에 있어 2차 오염물질인 미세먼지와 오존의문제가 중요하게 대두되고 있지만, 아황산가스의 1차 오염 물질이 여전히 더 시급히 해결해야 할 대기오염물질이다. (−2)
13	천연가스자동차 및 전기자동차와 같은 환경교통수단은 지속적으로 개발되어야 한다. (−3)

• 표 3-15 [제2요인]의 주요 진술문

no	진술문
18	선진국의 방식대로 미래 서울시의 대기환경제고를 위해서는 그린지역(Green Zone)의 확대를 통해 자전거와 같은 친환경 교통수단을 확대하는 것이 가장 중요하다. (+3)
16	대기환경오염정보에 대한 시민의 확인이 보다 중요해질 것이다. (+2)
17	대가환경오염에 대한 피해를 감소시키기 위한 시민의 대기환경에 대한 관심도가 매우 중요하다. (+2)
6	VOC(휘발성유기탄소)의 증가는 대기오염 및 건강을 악화시킬 것이다. (−2)
15	기술의 발전은 대기환경오염의 피해를 감소시킬 것이다. (−2)
1	중국의 산업화와 사막화 현상 등으로 인해 더욱 증대된 황사는 천식환자의 증가를 가져올 것이다. (−3)

• 표 3-16 [제3요인]의 주요 진술문

no	진술문
2	오존오염도의 증가는 스모그와 시정장애 현상을 증가시켜 건강피해를 가져올 것이다. (+3)
1	중국의 산업화와 사막화 현상 등으로 인해 더욱 증대된 황사는 천식환자의 증가를 가져올 것이다. (+2)
4	일산화탄소 및 이산화탄소의 증가는 대기오염 및 건강을 악화시킬 것이다. (+2)
9	염화수소(HCL)는 대기오염 및 건강을 악화시킬 것이다. (−2)
16	대기환경오염정보에 대한 시민의 확인이 보다 중요해질 것이다. (−2)
7	질소의 증가는 대기오염 및 건강의 악화를 가져올 것이다. (−3)

• 표 3-17 [제4요인]의 주요 진술문

no	진술문
12	교통수단의 배출가스에 대한 대책은 보다 강화되어야 한다. (+3)
2	오존오염도의 증가는 스모그와 시정장애 현상을 증가시켜 건강피해를 가져올 것이다. (+2)
18	선진국의 방식대로 미래 서울시의 대기환경제고를 위해서는 그린지역(Green Zone)의 확대를 통해 자전거와 같은 친환경 교통수단을 확대하는 것이 가장 중요하다. (+2)
6	VOC(휘발성유기탄소)의 증가는 대기오염 및 건강을 악화시킬 것이다. (−2)
7	질소의 증가는 대기오염 및 건강의 악화를 가져올 것이다. (−2)
15	기술의 발전은 대기환경오염의 피해를 감소시킬 것이다. (−3)

이는 미래대기환경을 준비함에 있어 대기환경의 전문가들은 미래대기환경의 직접적 위해요인(대기오염원)을 가장 중요하게 고려하고 있으며(제1요인), 다음으로 직접적 위해요인에 대비할 수 있는 정부 규제 정책이 수반되어야 한다는 점을 강조하고 있는 것으로 해석된다(제4요인). 그 다음은 시민들의 자발적이고 적극적인 사회적 책임이 수반될 필요가 있

으며(제2요인), 간접적 위해요인(제3요인, 2차적 발생오염원)은 가장 마지막에 고려해야할 사항임을 확인할 수 있었다.

AHP분석: 정책우선순위 분석

1) 개념 및 특성

AHPAnalytic Hierarchy Process는 복잡한 문제를 계층화하여 주요 요인과 세부요인들로 나누고, 쌍대비교Pariwise Comparison를 통해 중요도를 도출한다. AHP는 의사결정의 전 과정을 단계별로 분석함으로써 의사결정의 객관성을 높이고, 쌍대비교를 통해 도출된 가중치의 일관성을 검증한다.

AHP는 1977년에 Saaty가 제안한 이후로 정책결정의 우선순위 분석에 많이 활용되고 있다. AHP는 현재 다양한 영역에서 적용되고 있는데, 서로 상충하는 기준으로 평가되는 여러 대안 중에서 최적의 대안을 어떻게 선택할 것인가의 문제를 해결하기 위한 방법으로 많이 이용되고 있다.

또한, 정책결정 과정을 살펴보는 데 있어서 객관적인 접근이 필요한데, AHP는 정책 우선순위 대안을 선택하는 과정에서 선택 기준의 일관성을 유지해 준다는 점이 장점으로 평가되고 있다.

2) 방법 및 절차

AHP의 분석절차는 다음과 같다(김형수, 2006: 20−23).

[단계 1] 의사결정 문제를 상호관련된 의사결정 사항들의 계층으로 분류하여 의사결정계층을 설정한다.

[단계 2] 의사결정 요소들 간의 쌍대비교로 판단자료를 수집한다.

[단계 3] 의사결정 속성들의 상대적 가중치를 추정한다.

[단계 4] 평가대상이 되는 여러 대안들에 대한 종합순위를 얻기 위하여 의사결정 속성들 간의 상대적인 가중치를 종합화한다.

3) 분석사례 및 함의

권기헌 외(2009)은 AHP 분석기법을 활용하여 서울시 대기환경정책의 우선순위를 도출하였다. 서울시 대기환경정책을 정책영역(시민참여확대, 배출원관리, 대기오염측정, 시설물관리)으로 구분하고, 정책영역별 정책요소들을 도출하여 이들의 정책우선순위를 도출하였다. AHP 분석을 위한 자료는 서울시 대기환경정책 담당 기관인 맑은환경본부와 정보화기획단, 그리고 서울시 환경정책 담당 공무원을 대상으로 한 설문지 결과를 토대로 하였다.

다수 설문지 결과의 쌍대비교값을 단일화시키기 위해 설문결과의 기하평균을 계산하여 각 쌍대비교값을 단일화시킨 후 Expert Choice 11.5 version을 사용하여 자료를 코딩한다. AHP 설문지 자료를 코딩하기 위해서는 Expert Choice를 실행 후 Edit → Insert Child of Current Node를 선택 후 생성된 Node에 각 자료를 입력한다.

코딩작업이 완료되면 정책대안별 우선순위를 확인할 수 있다. 확인은 Expert Choice를 실행한 후 메뉴에서 Synthesize → With respect to the Goal을 선택하면 확인할 수 있다.

〈Expert Choice 통계패키지의 분석결과〉

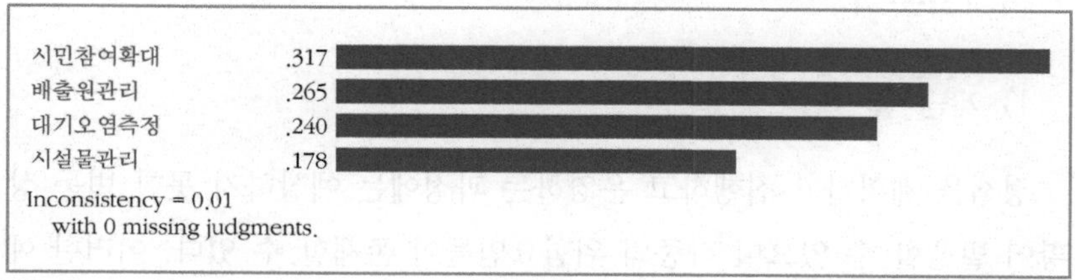

Expert Choice 분석결과 서울시 대기환경 정책영역에 대한 우선순위가 제시되었다.

첫째, 분석결과의 신뢰성을 살펴보면, 일관성 지수CR가 0.01이므로 일관성 지수가 매우 높게 나타나 분석결과의 높은 신뢰성을 보여주고 있다. 서울시 대기환경 정책영역의 우선순위를 살펴보면, 시민참여확대가 0.317로 가장 높게 나타났으며, 배출원 관리가 0.265로 2위, 대기오염측정이 0.240으로 3위, 시설물관리가 0.178로 가장 낮게 나타났다.

이러한 분석결과는 향후 서울시가 미래대기 환경정책을 수립하고 추진함에 있어서 시민참여부분이 가장 중요하게 고려해야 함을 의미하는바, 예컨대, 시민들을 위한 대기환경정보제공, 모니터링제도, 시민운동지원, 시민과의 공동사업추진 및 홍보 등과 같이 시민들을 참여시키는 정책추진이 매우 시급하다는 점을 말해준다. 이처럼 AHP 분석은 정책요소간 쌍대비교를 통해 적실성 높은 정책우선순위를 제시해 준다는 점에서 매우 중요한 정책분석 도구라고 할 수 있다.

민감도분석

1) 개념 및 특성

정책을 계획하고 집행하고 운영하는 과정에는 예상하지 못한 변동 상황이 발생할 수 있으며 각종의 위험요인들이 존재할 수 있다. 이러한 예기치 못한 변화의 발생은 위험요인으로 작용하며 그만큼 미래의 불확실성이 존재하고 있다는 것을 의미한다.

정책분석가는 이러한 다양한 변동 상황을 감안하여 분석할 필요가 있는데, 전제 조건을 명시적으로 표시하고 그에 따른 비용편익분석을 실행함으로써 정책결정자에게 종합적 판단자료를 제시할 수 있어야 한다. 이에 매우 유용하게 활용될 수 있는 분석기법이 민감도분석이다.

2) 방법 및 활용

민감도 분석에서는 해당 정책의 핵심변수 또는 가정Key Driver이 변할 때, 경제적 효용이 얼마나 영향을 받는지를 분석함으로써 정책에 내재된 위험수준Risk을 평가하고 사업추진 시 관리해야 할 위험요인Risk Factor을 찾아낸다. 예를들어 부동산 개발 사업의 민감도 분석을 실시한다면, 주로 이용되는 핵심변수로는 할인율, 보상비, 공사비, 분양률, 분양가, 사업기간 등이 있으며, 가정을 달리한 몇 개의 비교대안Alternative Cases을 작성하여 기본대안Base Case과 비교하는 방법이 사용된다.

또한 전제 조건을 증가시키거나 감소시킬 때 선호도에 대한 우선순위가 어떻게 변화하는지를 알아보고, 결과 변이점break even point의 위치를 파악하는데에도 유용하다. 이는 정책결정과정의 합리성을 향상시킴으로써 정책결정과 선택에 대한 확신과 설득력을 갖게 한다.

3) 분석사례 및 함의

김렬 외(2006)는 랜드마크 건립 사업의 경제적 타당성을 분석하기 위하여 비용－편익 분석결과의 불확실성(경제적 상황을 비롯한 제반여건이 변함에 따라 달라질 수 있으므로)에 대비하기 위하여 민감도 분석을 활용하였다. 즉, 비용－편익분석 후 장래의 여건변화에 따라 사업의 수익에 많은 영향을 미칠 것으로 판단되는 부대시설 수입률과 상징조형물 방문객율, 할인율의 변화에 따른 민감도 분석을 실시한 것이다.

〈분석결과〉

부대시설 수입율	상징조형물 관람객율	할인율	순현재가치(백만원)		편익/비용비		내부수익률	
			TEFm	TEFn	TEFm	TEFn	TEFm	TEFn
10%	50%	2%	40	30,615	1.00	1.54	2.0%	8.4%
		7%	−13,248	4,141	0.71	1.09		
		8%	−15,314	3	0.65	1.00		
	60%	4%	2,096	30,716	1.04	1.60	4.6%	11.6%
		5%	−1,399	24,175	0.97	1.49		
		7%	−6,789	14,077	0.85	1.31		
		11%	−13,516	114	0.67	1.04		
		12%	−14,661	−715	0.64	0.98		
	70%	6%	2,799	29,659	1.06	1.63	6.8%	14.8%
		7%	−331	24,014	0.99	1.53		
		14%	−12,745	1,577	0.68	1.04		
		15%	−13,737	−220	0.65	0.99		
	80%	7%	6,126	33,950	1.13	1.75	10.0%	18.1%
		10%	153	23,449	1.00	1.54		
		18%	−13,034	205	0.65	1.01		
		19%	−13,805	−1,158	0.63	0.97		

위 분석결과는 시장가치에 의한 총수입TEFm과 비시장가치TEFn를 포함한 총수입에 대한 민감도 분석결과로서 부대시설 수입률 10%와 상징조형물 관람객률 50%~80%에 따른 민감도 분석을 실시하여 내부수익율의 변화를 제시하고 있다. 즉, 상징조형물 관람객율이 70%인 경우 내부수익율 6.8%, 상징조형물 관람객율이 80%인 경우 내부수익율이 10%로 나타나 최소 상징조형물 관람객율이 80%이상은 되어야 경제적 타당성이 있는 것으로 나타났다.

이 연구는 이와 같은 민감도분석 결과를 통해 미래의 불확실한 상황까지 고려해야만 보다 안정적인 경제적 타당성을 확보할 수 있음을 보여주고 있다. 또한 이 연구는 초기에는 투자비용의 회수에 중점을 두어 입장료를 통해 투자비용을 빠른 기간 내에 회수하고 점차 입장료를 인하하거나 무료로 개방하면서 특정시설물 이용에 대해 최소한의 이용료를 부과하는 등 다양한 정책적 대안을 강구할 수 있도록 유용한 정책정보와 정책판단의 근거를 제공해준 연구라고 할 수 있으며, 결과적으로 정책분석에 있어서 민감도분석의 유용성을 잘 보여주는 사례라고 평가할 수 있다.

근거이론분석: Atlas/Ti

1) 개념 및 특성

최근 질적 연구방법의 일환으로서 근거이론분석이 매우 유행하고 있다. 근거이론Grounded Theory 방법론은 일련의 체계적인 과정을 통하여 어떤 현상을 귀납적으로 이끌어 내 하나의 이론으로 발전시키는 질적 연구방법이다Strauss & Corbin, 1990.

이는 대상자의 표현 속에서 대상자가 의미있게 받아들이고 있는 주요 사건이나 문제점을 대상자의 관점에서 파악하는 연구이므로, 연구자가 분석하고자 하는 영역에서 보여지는 행위의 다양성을 설명하고 해석할 수 있는 개념들을 발견하고 이들 간의 관계를 만들어 내는 장점이 있다. 따라서 연구자는 근거이론방법을 통하여 대상자의 주요 문제를 찾아내고, 이들이 지속적으로 문제를 해결해나가는 근본적 심리사회적 과정 basic psycho-social process을 발견할 수 있다Glaser, 1978.

2) 방법 및 절차

근거이론방법의 연구과정은 경험적 자료로부터 개념을 형성하고 발달시킨 후 개념들을 수정 및 통합하여 이를 토대로 이론을 개발하고 연구를 진행한다. 연역적 접근과는 달리 현장의 자료에 먼저 접근하고 귀납적 방법에 의해서 연구를 진행한다.

자료수집은 주로 심층면접in-depth interview을 통해서 얻은 자료를 이용하지만, 심층면접 이외에도 현장관찰, 일기, 편지, 자서전, 전기, 역사적 유물, 대중매체 등의 다양한 경험적 자료가 활용될 수 있다. 자료분석을 위한 코딩의 방식에는 개방코딩open coding, 축코딩axial coding, 선택코딩selective coding이 있으며, 이러한 질적분석을 위한 프로그램으로는 Atlas/Ti가 있다.

3) 분석사례 및 함의

서인석 외(2009c)는 의회 의사록을 통해 의사결정 상황에서 나타나는 행태적인 특성들을 살펴보고자 의사록에 명기된 상호간 대화 및 담화 내용을 Atlas/Ti 프로그램을 통해서 코딩하여 자료들 간의 질서와 구조, 의미와 개념관계를 분석하였다. 이 연구는 의사록자료에 대한 질적연구

방법을 취하고 있으며, Atlas/Ti version 6 프로그램을 사용하였다.

분석결과로 나타난 발견 및 함의는 다음과 같다.

첫째, 기존 연구에서 형식성 및 당파성이 국회에 가장 큰 영향을 미치고 있었던 연구들과는 달리 국회 및 서울시의회 모두 전문성이 가장 큰 영향력을 나타내고 있다는 점을 확인하였다.

둘째, 심의위원의 의견 및 안건제안에 있어 전문성이 높은 경우 의제수용 가능성 역시 높은 것으로 확인되었다.

셋째, 예산심의상황은 다양한 범주들이 상호작용하는 것을 확인할 수 있었다. 특히, 국회의 경우 의제결정 및 예산심의는 예측했던 것과 같이 복잡한 상호작용을 거치는 것을 확인하였는데, 이러한 상호작용의 구체적 역동성dynamics 및 관계relationships에 대해서는 향후 연구가 지속되어야 할 것으로 판단된다.

마지막으로, 국회는 다양한 요인이 분파적으로 형성되는 양상을 나타내 의사결정은 매우 복잡한 양상의 다수분파형 네트워크로 의사결정이 이루어지고 있었고, 서울시의회의 경우 비교적 단일요인인 전문성을 중심으로 이루어지고 있어 소수응집형 네트워크 양상 및 패턴을 가지고 있음을 확인할 수 있었다.

제4절 요약

학문의 꽃은 통계학이다. 계량분석이 전제되지 않고서 사회과학을 논할 수 없다. 현대문명과 학문발전의 백미는 행태과학의 발견 및 혁명에 있으며, 계량기법의 발전으로 인해 인간 사고의 지평과 분석의 차원은 그 이전 시대와 비교할 수 없을 정도로 깊어지고 높아졌다. 가령, 지금으로부터 불과 몇 백 년 전인 퇴계와 율곡의 시대 혹은 심지어 다산의 시대라 할지라도 인문학적 탐구는 가능했을지언정, 2×2를 넘어서는 다多변량 변수의 관계에 대한 과학적 추론은 가능하지도 않았을 뿐 아니라 시도조차 할 엄두를 내지 못했다.

이처럼 현대 사회과학의 핵심은 인과관계causal relationship의 규명이며, 그것도 과학적 근거에 기초한 다多 변량 변수들 간의 인과관계 탐구이다. 인과관계의 규명은 "왜 이런 현상이 발생했을까? 그 근본원인은 무엇일

• 그림 3-16 정책학 연구의 과학적 토대

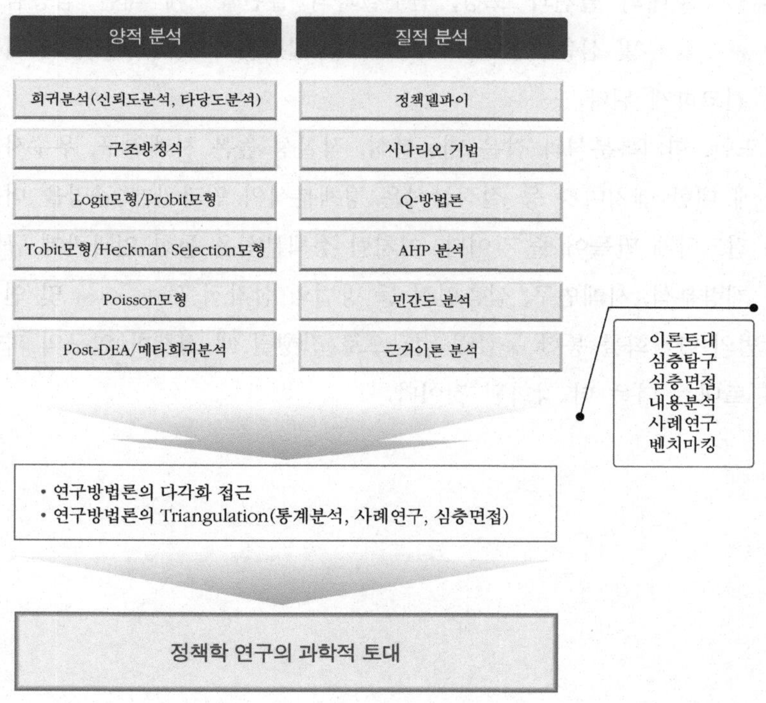

까?”와 같은 과학적 탐구scientific inquiry로부터 출발한다. 정책에 있어서 인과관계를 규명하려는 과학적 탐구는 정책의 성공(실패)인자에 대한 근본 규명이 핵심이다.

정책의 성공과 실패 요인을 규명하려는 정책분석의 탐구법은 크게 양적분석과 질적분석으로 나뉘며, 이 둘은 상호보완적 관계에서 통합적으로 진리규명에 도움을 준다. 이처럼 정책학의 인과관계에 대한 근본원인 규명은 양적분석과 질적분석의 조화로운 사용과 다각적 접근을 요구하고 있다. 이를 위해서는 독립변수와 종속변수의 방향과 강도에 대한 일치성consistency, 원인성causality, 상관성correlation을 규명하고자 하는 양적분석을 통한 과학적 법칙의 규명이 선행되어야 하며, 이러한 양적분석은 이론theory 토대의 발견과 보강, 연구결과의 발견finding에 대한 심층탐구in-depth analysis 및 심층면접in-depth interview 등 질적분석의 접목을 통해 더욱 더 견고하게 된다.

또한, 회의록분석과 같은 내용분석, 적실성 높은 사례연구, 우수사례B/P에 대한 벤치마킹 등 질적분석은 정책분석의 인과관계 규명을 더욱 더 견고하게 만들어 줄 것이다. 이처럼 정책분석을 통한 인과관계 규명은 계량분석, 사례연구, 심층면접 등 방법의 삼각접근Triangulation 및 연구방법의 다각화를 통한 통합적 접근으로 진행될 때 정책학 연구의 과학적 토대는 더욱 더 강화될 것이다.

제3부

정책학의 정치학적 접근

DEEP THEORY OF POLICY SCIENCE

■ 제4장 정책모형을 이용한 정책분석

■ 제5장 고차원적인 연구전략

4 정책모형을 이용한 정책분석

정책모형을 활용하라

정책학은 정책모형의 학문이다. 다양한 정책모형들은 그들만의 철학과 전제를 배경으로 제시되어 있다. 가령, 라스웰의 단계모형stage model은 정책과정을 단계별로 구분한다. 정책의제, 정책결정, 정책집행, 정책평가가 단계별로 진행된다는 가정을 전제로 하고 있다. 한편 킹돈의 흐름모형multiple stream model은 입체적이다. 마치 바다 속 깊이 들어가면 표면의 물결이 잦아들면서 고요하고 따뜻한 영역이 나오듯이, 서로 다른 세 개의 흐름을 제시한다. 문제의 흐름, 대안의 흐름, 정치의 흐름이 그것이다. 이러한 흐름들은 각각 독립적으로 흐르고 있다가 초점사건이 터지면서 정책의 창이 열린다. 정책과 기회의 창이 열리는 과정에서 당해 정책대안에 찬성하는 그룹과 반대하는 그룹 사이에는 심각한 정치 다툼과 알력이 벌어지는 경우가 많다. 신념과 자원을 무기로 찬성그룹과 반대그룹은 다양한 형태의 싸움을 벌인다. 이기는 자의 입장이 최종 정책에 더 많이 반영된다. 소위 말하는 사바티어의 ACFadvocacy coalition model모형이다. 한편 무씨아로니는 이슈조건과 제도조건을 제시하면서 이슈적으로 국민들에게 더 많은 정당성을 확보하는 대안이 유리하지만 보다 더 중요하게는 제도적으로 대통령 등 유력 정치권이 더 많이 지지하는 대안이 유리하다고 말한다. 소위 말하는 무씨아로니의 ICFinterest Group Standing Change Framework모형이다.

이처럼 다양한 형태의 정책모형들이 대립하는 가운데 어떤 모형의 설명력이 더 높은지를 검증해 보는 것도 좋은 접근이다. 정책분석에서 자신 만의 연구모형을 제안할 때 기존의 정책모형들을 토대로 때로는 그들 모형들을 융합하여 자신의 모형을 제시할 수 있으며, 자신이 관심을 갖는 정책현상을 설명함에 있어 어떤 모형의 설명력이 보다 더 깊은 내적 타당성과 외적 타당성을 확보하고 있는지 토론하는 것도 좋을 것이다. 내적 타당성이라 함은 어떤 모형이 설명하고자 하는 현상의 측면들을 보다 더 정확하게 설명하고 있는가의 정도를 의미하며, 외적 타당성이라 함은 어떤 모형의 설명력이 다른 나라, 다른 시기에도 적용이 가능한지에 대한 확장 가능성을 의미한다.

고전적 정책모형[16]

라스웰은 1951년 '정책지향성Policy Orientation'이라는 논문을 통해 고민의 해결책을 제시한다. 그는 정책학을 '인간의 존엄성을 구현하는 민주주의 정책학'이라 명명하며, 정책학 연구의 지향점은, 인간이 사회에서 직면한 문제 해결을 통한 인간 존엄성의 회복이어야 한다고 주장했다.

이후 라스웰은 1970년 논문 '정책과학의 새로운 개념The Emerging Conception of the Policy Sciences', 1971년 저서 『정책과학서설Preview of Policy Sciences』에서 정책학의 방향을 정책결정과정에 관한 지식과 정책결정과정에 필요한 지식 두 가지로 구분하여 정책 연구의 중요성을 강조했다. 이와 더불어, 정책학 연구는 의제에 대한 문제지향성Problem-orientation, 시공간의 맥락지향성Contextuality-orientation, 연합학문성Multidisciplinary-approach 특성을 가져야 한다고 주장했다.

이러한 라스웰의 정책학 패러다임은 현대 정책학 연구의 효시嚆矢가 되었으며, 이후 정책 연구들이 나아가야 할 방향을 잡아주는 이정표里程標가 되었다. 따라서 정책분석의 모형으로도 가장 보편적인 기준으로 활용되고 있다.

현대적 정책모형

킹돈의 정책흐름모형

킹돈은 『문제, 대안, 그리고 정책Agendas, Alternatives, and Public Policies, 1984』이라는 저서에서 이러한 고민을 해결할 수 있는 새로운 정책결정모형을 제안했다. 킹돈은 쓰레기통 모형의 기본 아이디어를 빌려와 새로운 정책결정모형인 '정책흐름모형'PS: Policy Stream Model 혹은 MSF: Multiple Stream Framework을 제시한 것이다.

킹돈은 서로 무관하게 자신의 규칙에 따라 흘러 다니는 정책문제의 흐름Policy Problem Stream, 정책대안의 흐름Policy Alternative Stream, 정치의 흐름Political Stream이 초점사건을 계기로, 세 개의 흐름이 결합Coupling되는데, 이 현상을 정책의 창Policy Window이 열리는 것이라고 표현했다.

정책흐름모형은 현대정책모형 중에서 가장 영향력 있는 모형으로 꼽힌다. 그 이유는, 킹돈 모형은, 우리 사회에 흐르고 있는 위기와 근본적 문제들은 어떤 것들이 있는가, 그리고 이들에 대한 정책적 대안으로 어떤 것들이 정책공동체에서 논의되고 있는지, 정치권은 이들에 대해 평소 어떤 노력을 하고 있는가를 면밀히 살펴보게 하고, 이들을 분석할 수 있게 도와주기 때문이다.

사바티어의 정책지지연합모형

사바티어Pual A. Sabatier는 정책지지연합모형Advocacy Coalition Framework: ACF을 통해 정책의 과정을 다양한 행위자들과 연합들 간의 게임과 협상의 과정으로 간주하였고, 신념을 공유하는 집단들이 변화함으로써 동태적 정책변동이 발생한다고 주장하였다.

정책지지연합모형Advocacy Coalition Framework: ACF은 외적변수, 정책지지연합, 신념체계, 정책중개자, 정책학습, 정책산출, 정책변동 등으로 구성된다.

정책지지연합은 일정한 정책영역이나 하위체제의 신념을 공유하고 연합하는 이해당사자를 의미한다. 정책과정에서 경쟁과 협력을 통해 자신이 지향하는 목표를 달성하기 위해서 뜻이 맞는 사람들과 연합을 형성하여 협력하는 것이 필요한 것이다. 그리고 신념체계는 정책하위체제의 연합들 간에 공유되는 공통된 가치로 정책에 대한 인식, 정책수단에 대한 동의 등이 있다. 신념체계는 규범핵심, 정책핵심, 도구적 측면으로 구성된다.

사바티어Sabatier모형 역시 현대정책모형 중에서 가장 영향력 있는 모형 중의 하나로 꼽힌다. 현대사회에는 정책이해관계에 있어서 진영논리가 자주 발생하기 때문이다. 현대사회는 다양한 계층 간, 이념 간 갈등으로 인해 정책을 보는 견해가 대립하는 경우가 많은데, 이때 두 대립하는 진영 간의 정책변동을 잘 설명할 수 있는 모형이 사바티어의 정책지지연합모형이다.

예를 들면, 의약분업 사례에서의 의사와 약사 간의 대립, 한·양약 분쟁에서의 한의사와 양의사 간의 대립 등 현대 사회의 집단 간 대립을 설명할 수 있기에 정책분석을 함에 있어 매우 유용한 모형이라 할 수 있다. 이처럼 불확실하고 복잡한 사회문제를 해결하기 위해서는 동태적 이론(개념모형)이 필요한데, 그것이 정책지지연합모형이다.

앨리슨의 정책결정모형

1962년 10월에 발생한 쿠바 미사일 사건은 인류를 3차 세계대전으로 몰고 갈 뻔했던 사건이었다.

앨리슨G. Allison은 쿠바 미사일 위기 사태를 둘러싼 미국과 소련의 정책결정의 본질에 대해 고민하면서, 이를 학술적으로 풀고자 했다.

> 소련은 왜 쿠바에 공격용 전략 미사일을 배치했을까? 미국은 왜 해상 봉쇄선을 설치하는 것으로 응수했을까? 소련은 왜 결국 미사일을 철수했을까?[17]

앨리슨은 개념적 준거 틀 혹은 안경을 바꾸어 끼면 세상이 분명히 달라 보인다는 점을 증명해 보였다. 이를 위해 그는 세 가지의 정책결정모형을 제시하였다. 기존의 국가 행위자를 단일체로 보는 시각을 넘어, 국가 행위자를 보다 세분화해서 정부조직의 연합체, 고위 관료 혹은 참모들의 전략적 행위에 의한 정책결정모형으로 제시한 것이다. 그것이 바로 유명한 앨리슨 모형으로서 합리적 행위자 모형(모형1), 조직과정모형(모형2), 관료정치모형(모형3)을 말한다.

앨리슨G. Allison은 정책결정모형의 전기를 마련했다. 기존의 경제학자들이 주장했던 합리적 행위자모형을 넘어 조직과정모형, 관료정치모형까지 제시함으로써 개인, 조직, 정치를 통합한 정책결정모형을 선보인 것이다. 앨리슨 모형은 우리가 정책현상을 분석하는 데 있어서 하나의 렌즈가 아닌 여러 가지의 렌즈가 존재한다는 것을 보여줬다는 점에서 커다란 학술적 의미를 지닌다.

오스트롬의 제도분석모형

오스트롬은 "제도"의 중요성에 주목했다. 제도라는 것은 시간(시대)과 장소(국가)에 따라 다르지만, 특정 정책 더 나아가서는 더 좋은 국가가 될 수 있도록 만드는 정책과 그러한 사회가 되게 하려고 개인의 행동을 규제하는 모든 사회적인 틀을 의미한다.

오스트롬은 특히 공유지의 비극문제를 해결하기 위해서 필요한 유인구조와 상황에 대한 연구를 진행하였는데, 개인들이 직면하는 여건, 개인의 합리성 정도, 학습과정 등에 대한 명시적인 가정을 설정하고 이러한 조건하에서 개인들의 최선책을 연역적 분석을 통하여 예측하고자 하였는데, 이것을 IAD모형Institutional Analysis & Development Framework이라고 한다.

그 구조를 살펴보면, 첫 번째로 개인행동에 대한 성질로 공공재인가

사적 재화인가에 따른 물리적 속성Physical attributes, 두 번째로 행동의 장에 사용되는 정책과 법률과 같이 참가자의 범위, 자격 권한 및 개인의 보상 함수 등에 영향을 미치는 규칙적 속성Rule attributes, 마지막으로 개인들의 유인 구조에 영향을 미치는 구성원이 속한 공동체의 규범적 속성Community attributes이 결합하여 행위의 상황에 영향을 미친다고 보았다. 한편 분석의 수준에 따라 제도분석은 달라지는데, 운영 차원Operational level, 집단선택 차원Collective choice level, 헌법 차원Constitutional level 등 세 차원으로 나누어서 분석을 달리 하였다. 이처럼 물리적 속성, 규칙적 속성, 규범적 속성, 그리고 운영 차원, 집단선택 차원, 헌법적 차원에 따라 행위자의 행동 및 상호작용 패턴은 달라지고 그에 따른 정책의 결과도 달라진다고 보았다.

제도분석모형IAD에서 가장 중요한 단어는 바로 "제도", "규칙", "규범"인데, 사람들이 공공재에 대하여 어쩔 수 없이 가지는 무임승차에 대한 유혹(물리적 속성)을 방지할 수 있는 방법이 바로 "제도"이다. 따라서 사람들이 공통의 가치와 자원 및 이익을 공유하거나 혹은 사람들 간의 원활한 상호작용을 위해서 '규칙'을 개발할 필요가 있으며, 정책분석을 할 경우에도 이러한 요소들에 주목해야 한다는 것이다.

현대적 정책모형들의 융합발전

MSF+ACF 융합모형

MSF+ACF 융합모형은 정책흐름모형MSF과 정책지지연합모형ACF의 융합모형이다. 정책이 문제, 대안, 정치의 흐름으로 흐르고 있다가 초점사건이 발생하여 정책의 창이 열리면, 이때 정책지지연합과 반대연합으로 나누어져 정책내용을 놓고 힘겨루기를 하다가 어느 한 쪽이 우세한 방향으로 정책내용이 결정되는 형태이다.

아래 그림을 보라. 이는 MSF+ACF 융합모형을 정책단계 위에 제시하였다. 왼쪽에 킹돈J Kingdon의 정책흐름모형이 제시되어 있고, 세 흐름이 초점사건을 통해 결합coupling이 되면 정책의 창policy window이 열린다. 이때 정책을 지지하는 지지연합과 반대연합의 힘겨루기가 발생하는데, 그 힘의 원천은 신념, 자원, 학습이다. 그러면서 시간이 T1, T2 등으로 흘러간다. 어떤 정책은 성공하고 어떤 정책은 실패한다. 실패한 정책은 다시 학습되어 변동으로 환류된다. 이 융합모형의 특징은 정책흐름모형MSF,

• 그림 4-1 MSF+ACF 융합모형

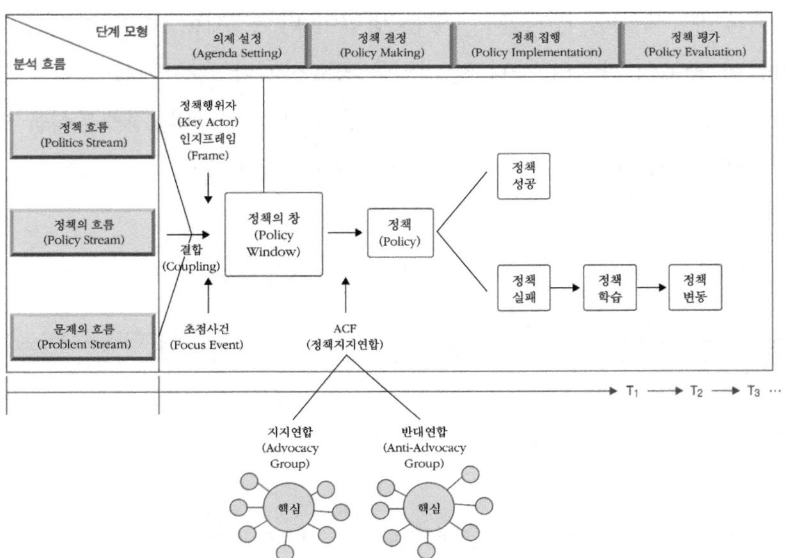

정책지지연합모형ACF 뿐만 아니라 라스웰의 정책 단계모형stage model이 함께 고려되어 있다는 점이다. 시간의 흐름에 따라 의제설정, 정책결정, 정책집행, 정책평가 등으로 진행되며, 이때의 정책의 방향과 결과는 지지연합과 반대연합이 동원할 수 있는 신념, 자원, 학습에 달려 있다.

MSF+ACF+ICF 융합모형

MSF+ACF+ICF 융합모형은 정책흐름모형MSF과 정책지지연합모형ACF에다가 이익집단위상변동모형ICF: Interest Group Standing Change Framework까지 융합한 모형이다. 정책이 문제, 대안, 정치의 흐름으로 진행되고 있는 상황에서 지지연합과 반대연합으로 나뉘어 세력 경쟁을 하는 경우 정책지

• 그림 4-2 MSF+ACF+ICF 융합모형의 분석단위

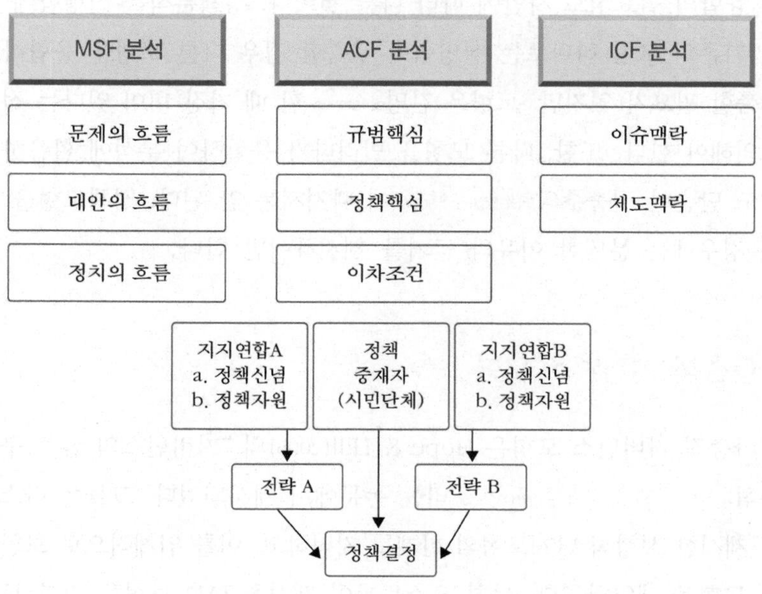

지연합모형ACF은 양대 집단 간 규범핵심, 정책핵심, 이차조건 등 신념, 자원, 학습에 대한 분석을 하게 된다.

하지만 이때 이익집단위상변동모형ICF은 여기에다가 분석도구를 하나 더 추가하여 이슈맥락, 제도맥락에 대해 분석한다(<그림 4-2> 참조). 예컨대, 양대 집단에서 주장하는 이슈 중 어느 것이 더 설득력을 얻는지(이슈맥락), 그리고 대통령, 여당 등 집권세력이 어느 쪽을 더 선호하고 제도적으로 지지하는지(제도맥락)를 추가적으로 분석하는 것이다.

MSF+ACF+ICF 융합모형은 정책흐름모형MSF에서 제시하는 정책의 흐름과 정책지지연합모형ACF에서 제시하는 신념, 자원, 학습의 분석에다가 이익집단위상변동모형ICF: Interest Group Standing Change Framework에서 제시하는 이슈맥락, 제도맥락까지 분석하게 된다.

이처럼 모형의 강점은 정책 사안에 따라 다르게 나타난다. 따라서 모형 융합의 필요성도 사안에 따라 다른 것이다. 정책분석을 실행함에 있어 기존의 모형 하나로는 설명력이 부족할 경우 다른 모형을 융합하여 예측할 필요가 있지만, 모형은 간명parsimony할 때 가장 힘이 있다는 점도 유의해야 한다. 또한, 다른 모형을 빌려다가 융합하여 분석에 활용하더라도 단순한 절충주의折衷主義, eclectics에 빠져서는 안 된다. 정책모형을 합칠 경우에는 분명한 이유와 근거를 제시해야만 한다.

다층적 거버넌스 모형

다층적 거버넌스 모형은 Hupe & Hill(2005)의 "거버넌스의 삼층 구조 분석Three Action Levels of Governance"라는 논문에서 제시되었다. 그들은 라스웰이 제시한 선형적 단계모형의 한계를 지적하고, 이를 입체적으로 보완하는 모형을 제안하였다. 특히 오스트롬이 제시한 IAD 모형을 기본 토대로 삼아 입체적 거버넌스 모형을 제시했다.

Hupe & Hill(2005)은 오스트롬의 IAD 모형을 빌려와 운영 수준, 집단 선택 수준, 헌법 수준에 상응하는 거버넌스 모형을 제시했다. 그리고 이를 운영적 거버넌스, 명령적 거버넌스, 구성적 거버넌스라고 불렀다. 또한 린Lynn(1981)의 게임이론의 비유를 빌려와 운영적 거버넌스를 하위 게임, 명령적 거버넌스를 중간 게임, 구성적 거버넌스를 상위 게임이라고 명명했다. 그리고 운영적 거버넌스에서 필요한 것은 집행 분석, 명령적 거버넌스에서 필요한 것은 정책결정 분석, 구성적 거버넌스에서 필요한 것은 체제 분석이라고 하였다.

• 표 4-1 입체적 정책과정 모형: 다층적 거버넌스

게임 이론 Lynn(1981)	제도분석 수준(rational choice) Kiser and Ostrom(1982); Ostrom(1999)	다층적 단계 (multiple stages) (Parsons, 1995)	다층적 거버넌스 (multiple governance) (Hill and Hupe, 2002)
상위 게임 (High game)	헌법 수준 (Constitutional level)	체제 분석 (Meso analysis)	구성적 거버넌스 (Constitutive governance)
중간 게임 (Middle game)	집단 선택 수준 (Collective choice level)	정책결정 분석 (Decision analysis)	명령적 거버넌스 (Directive governance)
하위 게임 (Low game)	운영 수준 (Operational level)	집행 분석 (Delivery analysis)	운영적 거버넌스 (Operational governance)

* Peter L. Hupe and Michael J. Hill, "The Three Action Levels of Governance" 24쪽 인용.

• 표 4-2 다층적 거버넌스 모형: 분석 단위와 행동 수준

분석 단위 (Lever of analysis)	행동 수준(Action levels)		
	구성적 거버넌스 (Constitutive Governance)	명령적 거버넌스 (Directive Governance)	운영적 거버넌스 (Operational Governance)
체제 (System)	제도 디자인 (Institutional design)	전반적인 규칙 설정 (General rule setting)	전략 관리 (Managing trajectories)
조직 (Organization)	상황 맥락 개발 (Desingning contextual relations)	상황 맥락 관리 (Context maintenance)	관계 관리 (Managing relations)
개인 (Individual)	전문적인 규범 개발 (Developing professional norms)	상황에 따른 규칙 적용 (Situation bound rule application)	연락 관리 (Managing contacts)

* Peter L. Hupe and Michael J. Hill, "The Three Action Levels of Governance" 23쪽 인용.

Hupe & Hill(2005)은 다층적 거버넌스에서 필요한 것은 운영적 거버넌스, 명령적 거버넌스, 구성적 거버넌스라고 보았다.

요약하면, Hupe & Hill(2005)은 라스웰의 선형적 단계모형을 입체적으로 발전시켰으며, 현실에서 발생하는 다층적 형태의 거버넌스 모형을 제시하였다. 또한 단순한 가설의 형태를 넘어 개념과 분석의 틀framework을 제시했는바, 이는 향후 정책분석의 모형으로서 활용 가치가 높다고 하겠다.

정책모형과 정책분석

현대적 정책모형은 이러한 모형들 간의 융합을 통해 더욱 입체적으로 발전하고 있다. 예컨대, 킹돈J. Kingdon의 정책흐름모형MSF: Multiple Stream Framework을 발전시킨 자하리아디스Zahariadis, 호울렛Howlett, 헤르웨그Herweg 등의 다중흐름모형과 버크랜드Birkland의 학습모형이 있다. 킹돈Kingdon이 제시한 정책흐름모형은 원래 보건, 교통 정책 분야에서의 의제설정에 관한 논의였으나, 그 이후 의제설정뿐만 아니라 정책결정까지 결합하여 일반화했으며, 정책혁신가의 역할을 분명하게 정립한 것이다.

또한 이들 모형 간의 융합을 통해 정책모형을 보다 입체적으로 정립하려는 동향도 있었다. 예컨대, 정책흐름모형MSF: Multiple Stream Framework과 정책지지연합모형ACF: Advocacy Coalition Framework을 결합한 MSF+ACF 융합모형, 그리고 무씨아로니G. Mucciaroni의 이익집단위상변동모형ICF: Interest Group Standing Change Framework까지도 함께 결합한 MSF+ACF+ICF 융합모형, 그리고 다층적 거버넌스 모형Three Action Levels Governance 등이 있었다.

정책분석이 수준 높은 솔루션을 제시하려면 단순한 양적 분석이나 질적 분석을 넘어 국정 운영에 따른 다양한 역학 관계와 정치경제학적 긴장관계를 분석할 수 있어야 한다.

정책분석이 단순한 데이터 분석과 다른 점은 국정 거버넌스 안에는 데이터로 포착될 수 없는 복합적 동력과 역학 관계를 담고 있는 경우가 많기 때문이다.

이를 위해서는 정책문제와 국정 거버넌스를 바라보는 준거 틀인 정책모형에 대한 정확한 이해가 전제되어야 한다. 이런 관점에서도 정책모형에 대한 중요성은 부각되고 있다고 하겠다.

5 고차원적인 연구전략

계량분석만이 능사인가?

앞서 우리는 고급 통계분석의 다양한 기법과 방법론적인 절차, 그리고 그 의의에 대해서 고찰해 보았다. 하지만 우리는 동시에 "계량분석만이 능사인가?"하는 질문을 던지지 않을 수 없다. 당연히 계량만이 능사는 아니며, 올바른 정책분석은 직관과 통찰력을 요구한다. 그리고 그 직관은 입체적 사고를 요구한다. 이에 계량분석을 넘어선 고차원적인 연구전략에 대해 고찰하지 않을 수 없다.

인류는 변동성, 불확실성, 복잡성, 모호성으로 대변되는 4차 산업혁명이라는 '거대한 물결' 앞에 서있다. 급변하는 사회변동과 더불어 날로 발전하는 첨단기술의 문명 속에서 4차 산업혁명의 시대는 정신문화와 물질문명의 불균형뿐만 아니라 철학의 빈곤을 초래하고 있다.

그리하여 우리는 지금 그야말로 격변의 시대에 살고 있다. 기후변화로 인한 자연재난, 코로나19 팬데믹을 통한 바이러스 공격, 미국, 중국, 러시아 등 강대국들 간의 국제 정치경제적 대립과 경쟁, 고물가와 실업, 경제 불황 등 실로 우리는 격변의 시대를 살고 있다.

디지털은 시간, 속도, 불확실성이다. 시공의 압축 혁명 속에서 생각의 속도로 움직이는 디지털 신경망 조직을 만들고, 조직 구성원과 최고 책임자의 의식을 업그레이드하지 않으면 살아남지 못하는 시대에 살고 있다. 격변의 시대이며, 변화와 속도의 시대이다.

디지털과 속도 그리고 변화의 시대에 절실히 요구되는 것은 정책분석과 문제해결 역량이다. 지식정보시대는 Know-What보다 Know-How를 요구한다. 정책분석에 대한 다양한 이론적 토대와 철학적 인식을 기반으로 정책실패와 정책성공이 교차하는 분기점에 대한 다양한 정책사례들을 분석하고 학습하는 방안에 대한 이론적 규명과 실천적 노력이 필요하다.

정책에서의 성공과 실패란 무엇인가? 정책은 어떤 경우에 성공하고, 어떤 경우에는 실패하게 되는 것일까? 정책이 성공하고 실패하는 데에는 어떤 정책유형별 패턴이 있는 것일까? 그러한 공통의 패턴 인자들을 규명해 내기 위해서 우리는 어떤 접근을 해야 하는가? 도대체 정책의 실패를 미연에 방지하고 학습할 수 있는 방안은 무엇인가?

이러한 질문들은 정책학도들에게 있어서 학술적 화두이며 아주 근본적인 명제들이다.

Pattern Finding 분석: 다차원 분석

정책은 가치명제와 사실명제를 함께 포함하고 있는 바, 정책품질관리에 대해 바르게 접근하려면, 정책유형별–정책단계별 성공요인과 실패요인에 대한 Pattern Finding(유형 분석)이 필요하다. Pattern Finding(유형 분석)을 입체적으로 함으로써 국정관리차원에서 진정한 학습이 이루어지기 위해서는 다음과 같은 몇 가지 분석 차원으로 나누어서 종합적인 분석이 필요하다.

• 그림 5-1 정책유형-정책단계-정책변수에 준거한 정책사례 실패요인 분석: 연구모형

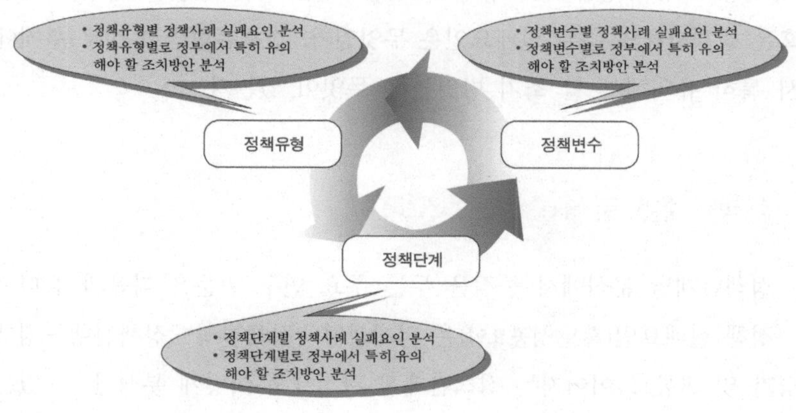

▣ 정책유형
* 정책유형별 정책사례 실패요인 분석
* 정책유형별로 정부에서 특히 유의해야 할 조치방안 분석
▣ 정책단계
* 정책단계별 정책사례 실패요인 분석
* 정책단계별로 정부에서 특히 유의해야 할 조치방안 분석
▣ 정책변수
* 정책변수별 정책사례 실패요인 분석
* 정책변수별로 정부에서 특히 유의해야 할 조치방안 분석

정책유형별 분석

정책유형별 분석에서 중점을 두는 주요 연구 질문은 다음과 같다. 정책유형별(배분정책, 규제정책, 재분배정책, 구성정책; 혹은 기능별로 사회복지정책, 국방외교정책, 산업기술정책, 환경보전정책 등)로 나타나는 대형 국책사업 혹은 정책사례의 주된 실패요인은 무엇인가? 정책유형별로 정부 부처에서 특히 유의해야 할 조치 방안들은 무엇이 있는가?

정책단계별 분석

정책단계별 분석에서 중점을 두는 주요 연구 질문은 다음과 같다.

정책 실패요인(혹은 성공요인)은 의제설정－정책결정－정책집행－정책평가 및 환류로 이어지는 정책단계적 관점에서 어떻게 분석할 수 있는가, 즉, 단계별로 사전조치가 이루어 졌다면 실패를 막을 수 있었던 요인들인가? 정책단계별로 정부 부처에서 대처할 수 있는 사전 조치사항들은 무엇인가?

정책변수별 분석

정책변수별 분석에서 중점을 두는 주요 연구 질문은 다음과 같다. 사람, 구조, 환경이라는 세 변수로 대별했을 때 어떻게 유형화Classification할 수 있는가? 정책변수별로 각 부처에서 대처할 수 있는 사전 조치사항들은 무엇인가?

■ 정책변수의 유형 예시
- ▣ 사람: 조직책임자의 의지 및 리더십 부족, 조직구성원의 열정부족 등)
- ▣ 구조: 조직구조 및 시스템적인 요인: 부처할거주의, 조직이기주의, 협력과 공유의 부족 등)
- ▣ 환경: 정치적 환경에서 오는 요인: 정치적 지지의 부족, 여야 간의 갈등, 입법시간의 과도한 지체, 언론 및 여론의 반대, 지역이기주의 및 이익집단의 과잉분출 및 참여과잉 등)

정책유형–정책단계–정책변수 분석

정책학 전문가 및 전문위원들 대상으로 정책 델파이Delphi를 실시해 의견을 수렴함으로써 정책유형 – 정책단계 – 정책변수 실패요인에 대한 타당성을 검증하며, 정책사례별 학습방안 도출에 대한 타당성을 검증해야 한다.

또한 정책유형, 정책단계, 정책변수를 토대로 한 분석을 통해 가장 바람직한 정책세트policy set를 제시하고(<그림 5–2> 참조), 정책대안의 분석 과정에서는 담당연구팀과 관련 전문가들로 구성된 자문위원단의 구성원들의 견해를 종합하여 과학적이고 합리적인 최적 정책세트policy set 도출하면 좋을 것이다(<그림 5-3> 참조).

• 그림 5-2 정책실패요인 분석모형

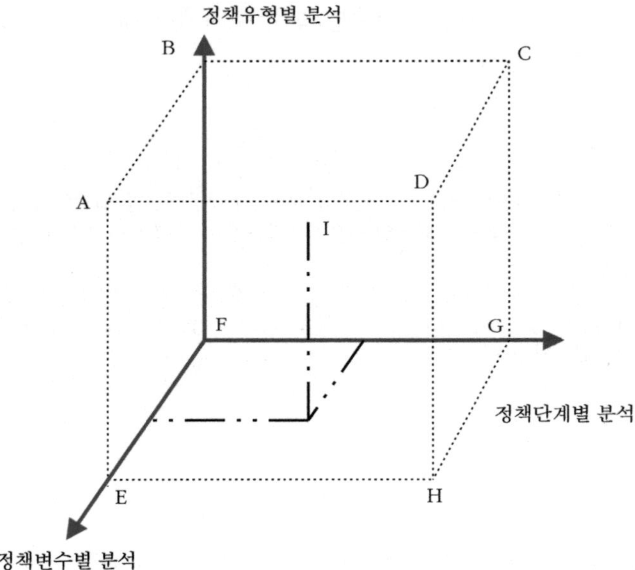

주: A~I: 각 정책사례들의 좌표.

• 그림 5-3　소망성과 실현가능성에 준거한 정책사례 유형 분석

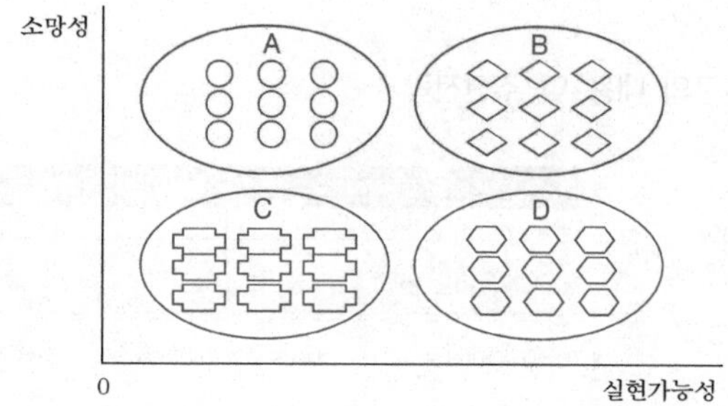

주: A: 소망성은 높지만 실현가능성은 낮은 정책사례의 set
　　B: 소망성과 실현가능성 모두 높은 정책사례의 set
　　C: 소망성과 실현가능성 모두 낮은 정책사례의 set
　　D: 소망성은 낮지만 실현가능성은 높은 정책사례의 set

정책혁신과 정책분석

세계화와 정보화 등 급변하는 환경 속에서 국가의 구성요소들이 신뢰와 네트워크를 통해서 하나의 유기체로서 발전하고 이로 인한 국가경쟁력을 강화시키기 위해서 정책혁신의 필요성은 더욱 증대되고 있다. 이에 정책분석을 통해 정책혁신연구의 전략적 과제 도출 및 새로운 방향을 제시할 수 있는 연구가 필요하다. 즉, 정책혁신의 정체성을 확립하고 이론적 토대를 갖추기 위해서는 정책혁신의 새로운 비전 및 목표설정, 그리고 추진전략이 마련되어야 할 것이다. 이는 급변하는 국제환경에서 국가경쟁력을 제고하고 국민의 삶의 질을 향상시키는 데 있어서 매우 중요한 기제로 작용하게 될 것이다.

가령, 다음과 같은 종합적인 연구흐름과 연구모형을 생각해 볼 수 있다.

• 그림 5-4 연구의 내용 및 추진전략

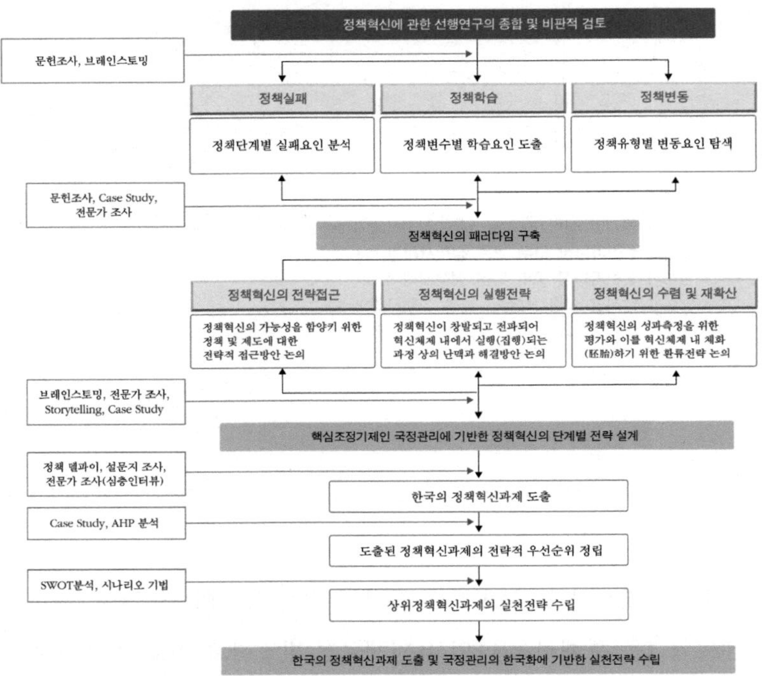

연구전략

위에서 하나의 사례로 제시한 연구과제는 한국의 정책혁신 전략 및 과제를 도출하고, 이론적 과제로써 국정관리의 한국화를 탐색하고자 하는 것이었다. 이를 위해 다양한 각 이슈영역별(첨단산업정책, 국제통상정책, 보건의료정책, 노인복지정책, 재정정책) 정책들을 분석함과 동시에 각 이슈영역별 정책패러다임을 모색해보고(1단계), 2단계에서는 이슈영역의 확장(외국연구진의 참여 등)과 함께 1단계에서 도출된 정책발견findings 및 패러다임paradigm을 토대로 좀 더 이론모형theoretical model을 다듬는 동시에 보다 심화된 실천전략implementing strategies을 연구해 볼 수 있을 것이다.

예컨대, 산업정책연구의 경우 J. Kingdon(1984)의 정책흐름모형과 P. Sabatier & Jenkins－Smith(1993, 1999)에서 제시하는 정책지지연합모형ACF: Advocacy Coalition Model을 토대로 통합된 수정모형을 이용하여 새로운 분석모형을 발전시킬 수 있다.

• 그림 5-5 연구모형과 연구전략

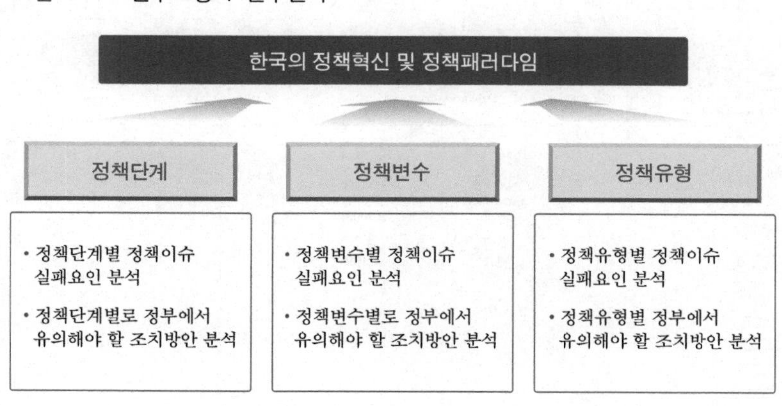

또한, 문제의 흐름problem stream, 정책의 흐름policy stream, 정치의 흐름 politics stream의 결합을 촉발시키는 초점사건Focusing Event을 중점적으로 분석하는 한편, 정책의 창으로 이어지는 과정에서 나타나는 정책행위자들의 선호와 행태에 대한 분석을 실행할 수 있을 것이다. 특히 정책과정상에 나타나는 지지연합Advocacy Coalition과 반대연합Anti-Advocacy Coalition에 속한 정책행위자들의 정책네트워크를 SNASocial Network Analysis기법을 통해 분석하는 한편, 핵심행위자들의 신념과 학습 요인들을 분석함으로써 공식적 제도와 실제 행위 사이에 나타나는 간극에 대한 연구를 신제도주의적 맥락을 통해 접근할 수 있을 것이다.

• 그림 5-6 본 연구의 방법과 분석모형: 기본모형

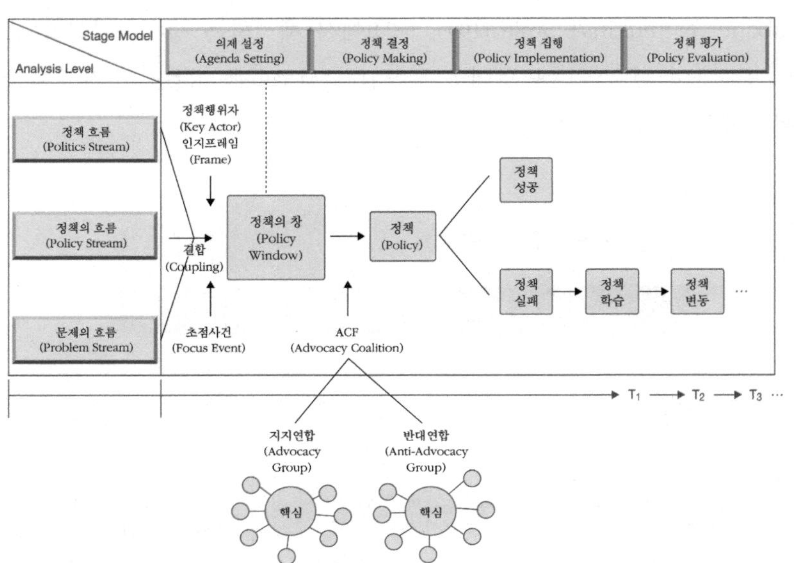

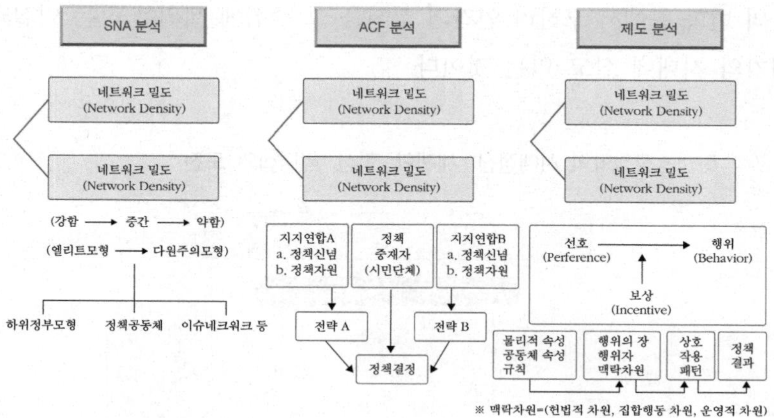

시대정신

현대사회는 세계화, 혁신, 리더십의 도전이라는 키워드에 직면하고 있다. 코로나-19가 팬데믹으로 지난 3년간 지구촌을 강타하면서 VUCA[18]로 대변되는 변동성Volatility, 불확실성Uncertainty, 복잡성Complexity, 모호성Ambiguity의 시대에 진입했다. 한편 AI, 5G, IoT, Robot 등 4차 산업혁명의 기술혁신은 이러한 변동성을 증폭시키고 있다. 시간, 속도, 불확실성을 특징으로 하는 디지털 문명 속에서 생각의 속도와 혁신의 방향이 그 어느 때보다도 중요해진 시대에 살고 있는 우리는 새로운 패러다임의 변동을 목격하고 있다.

이러한 급변하는 시대 변화는 행정학과 정책학에 있어서도 기존의 효율성, 민주성 이념만으로 대처하기 어렵다는 점을 시사하고 있다. 급속도로 변화하는 환경에 대한 성찰이 무엇보다 중요해지고 있으며, 첨단기술의 변화 속에서 오히려 인간의 정신을 그 중심에 세워야 하는 역설과 위기의 시대에 살고 있는 것이다.

• 그림 5-7 정책학의 시대정신: 세계화, 혁신, 리더십의 도전

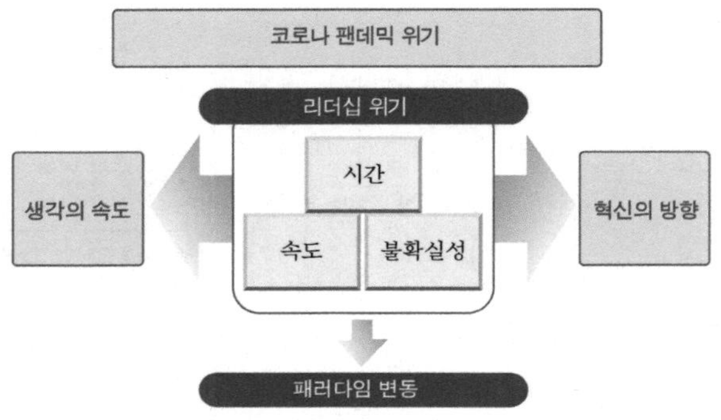

새로운 도전

최근 정책환경은 급변하고 있다. 코로나 팬데믹, 대규모 자연재난, 첨예해지는 국제정세와 기술경쟁 등이 대두되면서 정부는 신속하고 새로운 정책대안의 개발과 함께 국민들에게 진정으로 책임질 수 있는 강력한 윤리의식이 요구되고 있다.

막스 웨버가 강조한 정부1.0과 영국의 대처수상과 미국의 레이건 대통령 시절 강조된 정부2.0, 마크 무어Marc Moore, 1995가 강조한 정부3.0, 네트워크와 수평적 협력을 강조하는 정부4.0을 넘어서는 새로운 모형이 필요하다. 새로운 정부모형은 정부모형1.0의 관료제 중심의 효율성과 정

부모형2.0, 3.0, 4.0에서 제시하는 정부와 시장, 혹은 시민사회간의 민주적 관계에 기초한 문제해결방식 및 공적가치를 수용한다. 다만, 이러한 효율성, 민주성만으로는 지금과 같은 격변의 시대에 등장하는 복잡하고 사악한 문제complex & wicked problem들을 해결하기에는 한계가 있다.

인공지능과 NBICNano, Bio, Information, Cognitive science의 비선형적 등장, 미중, 유럽－러시아 사이에 고조되는 국제정치적 위기, 코로나 팬데믹 등 새로운 바이러스의 공격, 기후변화로 인한 대규모 자연재난 등에 직면하여 전에 없는 위기와 불확실성이 고조되고 있기에 새로운 형태의 정부모형이 필요한 시점이다.

정부모형5.0은 성찰성에 기반한 정책모형으로서 신속하고 책임지는 리더십을 강조한다. 또한, 기존의 정부1.0, 정부2.0, 정부3.0에서 보여주었던 문제의식, 즉 효율성, 시장성, 공적 가치, 관계 네트워크 등의 문제해결방식으로는 풀기 어려운 비선형적 문제들에 대해 보다 근본적으로 성찰할 것을 요구하고 있다. 즉, 속도와 윤리라는 측면에서 보다 더 신속한 문제해결을 요구하며, 보다 더 높은 윤리의식에 기초한 책임지고 소

• 그림 5-8 새로운 도전

Gov 1.o Max Weber	Gov 2.o 1980s	Gov 3.o Mark Moore, 1995	Gov 4.o 2000s
Traditional Bureaucracy	Markert NPM	Public Value Model	Network Govemance
Bureaucracy	NPM	PVM	New Govemance
• Command & Control • Struchural Approach	• Entrepreneurship • Market Approach	• Public Value • Value Approach	• New Governance • Network Approach

COVID-19
Pandemic
Artificial
Intelligence
NBIC
⇩
Hightened Uncertainty
⇩
Gov 5.0

통하는 지혜로운 리더십을 요청하고 있다.

좋은 정부

현대사회는 세계화, 혁신, 리더십의 도전이라는 키워드에 직면하고 있다. 코로나-19가 팬데믹으로 지난 몇 년간 지구촌을 강타하면서 VUCA로 대변되는 변동성Volatility, 불확실성Uncertainty, 복잡성Complexity, 모호성Ambiguity의 시대에 진입했다. 이러한 급변하는 시대 변화는 정책학에 있어서도 기존의 효율성, 민주성 이념만으로 대처하기 어렵다는 점을 시사하고 있다. 급속도로 변화하는 환경에 대한 성찰이 무엇보다 중요해지고 있으며, 첨단기술의 변화 속에서 오히려 인간의 정신을 그 중심에 세워야 하는 역설과 위기의 시대에 살고 있다.

좋은 정부란 시민들의 실천적 이성이 활성화될 수 있는 조건과 환경을 만들어주는 정부이다. 공간적으로는 신뢰와 사회 자본을 확장하고, 시간적으로는 미래 세대의 지속 가능성을 고려하는 정책을 펼친다. 무엇이 옳은 정책인지, 무엇이 바람직한 삶의 방식인지를 고민하고 성찰하며, 미래를 내다보고, 바람직한 삶이라는 관점에서 공동체의 선善을 고양시킬 수 있는 정책을 설계하는 정부이다. '공동선으로서의 미덕'을 함양하고, 물질이나 제도만으로는 설명될 수 없는 높은 차원의 정책 플랫폼을 제시하는 정부이다. 그러는 가운데 시민들 내면에 존재하는 창조성과 실천이성을 자극하고 고양시켜야 한다.

정책학은 인간의 창조적 품격을 실현시키고자 다양한 과학적 수단을 창조적으로 탐구하는 학문이다. 인간에 대한 깊은 연민과 이해, 사랑과 예절, 공동체에 대한 새로운 발견과 지혜, 긍정과 행복을 추구하는 성찰성 이념과 철학이 요긴한 이유이다. 정책학이 단순히 관료제적 도구성에 함몰될 게 아니라 현대 민주주의의 가치를 확인해 나가면서 보다 높은 차원의 진리와 선善을 향한 의지를 지향해 나갈 때 우리 사회의 창조성과 성찰성은 꽃 피울 수 있을 것이다.

요약

이 장에서는 우리는 "계량분석만이 능사인가?"하는 질문을 던졌다. 당연히 계량만이 능사는 아니다. 올바른 정책분석은 직관과 통찰력을 요구한다. 그 직관은 때로는 입체적 사고를 요구하는 것이다.

우리는 지금 격변의 시대에 살고 있다. 기후변화로 인한 자연재난, 코로나 팬데믹을 통한 바이러스 공격, 미국, 중국, 러시아 등 강대국들 간의 국제 정치경제적 대립과 경쟁, 고물가와 경제불황 등 격변의 시대를 살고 있다. 한편 국제기술경쟁을 통한 무역전쟁도 현재 진행형이다.

21세기 정책 화두는 다양성, 창의성, 실용성이다. 다양성과 창의성을 토대로 실용성을 추구해야 한다. 디지털은 시간, 속도, 불확실성이다. 시공의 압축 혁명 속에서 생각의 속도로 움직이는 디지털 신경망 조직을 만들고, 조직 구성원과 최고 책임자의 의식을 업그레이드하지 않으면 살아남지 못하는 시대에 살고 있다. 격변의 시대이며, 변화와 속도의 시대이다.

이에 따라 정책분석도 다양한 계량방법론과 함께 국정 거버넌스에 포함된 다양한 형태의 권력관계, 정치경제적 역학구조, 힘과 동력들을 분석할 수 있어야 한다. 그것은 운영이나 데이터의 범주를 넘어서는 고도의 전략적 판단을 요구한다.

정책에서의 성공과 실패란 무엇인가? 정책은 어떤 경우에 성공하고, 어떤 경우에는 실패하게 되는 것일까? 정책이 성공하고 실패하는 데에는 어떤 정책유형별 패턴이 있는 것일까? 그러한 공통의 패턴 인자들을 규명해 내기 위해서 우리는 어떤 접근을 해야 하는가? 도대체 정책의 실패를 미연에 방지하고 학습할 수 있는 방안은 무엇인가?

이러한 질문들은 정책학도들에게 있어서 아주 근본적인 명제들이다. 이를 위해 우리는 이 장에서 Pattern Finding을 위한 다차원 분석, 정책유형－정책단계－정책변수의 분석, 정책혁신과 정책분석, 연구전략 등의 문제를 고찰해 보았다.

제4부

정책학의 인식론적 접근

DEEP THEORY OF POLICY SCIENCE

- 제6장 정책학의 인식론적 주제들
- 제7장 정책철학을 이용한 정책분석

6 정책학의 인식론적 주제들

인간 존엄의 근원

인간의 두뇌는 앎의 총체인 신의 마음에서 모든 생각의 주파수를 받도록 설계되어 있지만, 자신이 받기 위해 허용하는 주파수만 받도록 활성화되어 있다. 모든 경이로운 생각들이 무한히 쏟아지지만 대부분 사람들이 허용하는 앎이란 단지 사회의식이 가지고 있는 낮은 주파수의 생각뿐이다. 당신들이 진실로 마음의 문을 열고 모든 가능성을 활성화할 때 그대는 신적인 의식, 즉 높은 주파수의 삶을 살 수 있을 것이다.

— 람타[19)]

정책학의 최종 목표는 인간의 존엄성 실현이다. 인간의 존엄을 실현함으로써 높은 차원의 사회 질서를 구현하고자 하는 것이 정책학의 정신이다.

인간 존엄의 근원은 인간이 인간 자체를 사유할 수 있는 그 정신의 순수성, 즉 신적인 의식으로부터 온다.

주체가 객체로서의 사물을 상대하지 않고 주체가 주체를, 내면이 내면을 오롯이 성찰한다는 것은 깊은 정신문화의 꽃이다. 성찰성의 인식론적 근원은 이처럼 신의 마음을 본질에 뿌리 내린[20] 인간 정신의 고유한 존엄에서 출발하고 있는 것이다.

개인이나 공공의 삶은 보편적 지혜에 따라 이루어져야 하며, 인간은 지혜와 미덕의 성장을 통해 더 나은 세계로 나아간다. 그리고 이러한 노력을 통해 우리 사회가 낮은 차원에서 더 높은 차원의 질서를 만들어 갈 수 있다는 믿음은, 이미 앞에서도 언급한 것처럼, 인류의 오래된 지혜였다.

인간은 정치적 자유, 경제적 공리를 넘어서 공동체와 미래의 선을 추구하는 존재이다. 그러면서도 상호 신뢰를 통해 정이 넘치고 성숙한 공동체를 지향해 나가는 존재이다. 인간은 단순히 법과 절차만을 지키는 제도적 존재는 아니며, 그 위에 더 높은 정신적 질서와 차원이 있는 것이다. 그것은 우리 내면의 정신적 질서로 잠재되어 있다가 외부로 표현될 때는 사랑, 정의, 예절, 지혜로 나타난다.

인간 내면의 질서에는 낮은 차원과 함께 높은 차원의 플랫폼이 있듯이, 정책학에도 낮은 차원과 높은 차원의 플랫폼이 있다.

그렇다면, 우리는 어떻게 인간의 원리를 보다 높은 차원에서 구현해 나갈 수 있을 것인가? 법과 제도에 기초한 라스웰H. Lasswell의 민주주의 정책학을 넘어 사랑과 인간애에 기초한 성찰적 정책학을 어떻게 발전시킬 수 있을 것인가?

그러려면, 민주주의의 가치를 확인해 나가면서 인간을 인간답게 해주는 성찰성과 같은 이념적 기반을 만들어 나가야 하는데, 나와 남이 하나가 되고 열린 성찰의 시대를 열기 위해 정책학은 어떤 노력과 학문적 패러다임을 만들어 나가야 할 것인가?

인간 존엄성에 대한 재고찰再考察

'인간의 존엄성'이라는 단어의 높은 추상성으로 인해, 이는 때론 선언적 의미에 그친 것으로 받아들여지기도 한다. "요즘처럼 어려운 경제 현실 속에서 민생과 경제가 우선이지 무슨 인간의 존엄성이야? 그건 너무 추상성이 높아 현실성이 없잖아" 등과 같은 반응에서도 읽을 수 있듯이 인간의 존엄성은 그저 선언적 의미로 받아들여지고 있는 수준이다.

하지만 이는 분명 잘못된 것이다. 라스웰H. Lasswell이 정책학이라는 새로운 학문을 열 때 인간의 존엄성이 충실히 구현되는 독창적 학문적 패러다임을 기대하고 구상한 것이라면 오늘날 정책학이 과연 그 목적론적 체계에 충실히 부합되고 있는지를 되묻지 않을 수 없는 것이다.

인간에 대한 이해와 존엄

인간의 욕구는 다양한 단계성을 지닌다. 매슬로A. Maslow(1954)가 《동기와 성격Motivation and Personality》에서 지적했듯이, '생리적 욕구', '안전적 욕구', '사회적 욕구', '자기존중', '자아실현' 등이다. 그 이후 욕구5단계 이론은 보완되었는데, 자아실현 욕구를 세 가지 상위 수준의 욕구로 나누어 '지적 성취', '심미적 이해', '초월적 욕구' 등이 추가되었다. 이는 곧 인간 정신이 높은 단계에 이르면 인식적, 심미적, 초월적 욕구와 같은 정신적 창조성을 추구하게 됨을 의미한다. 말하자면, 인권, 정의, 존엄과 같은 가치는 인간 자아실현의 최상위적 품격에 해당하는 위상을 지닌다.

실천적 이성

정책학 이론에서 바라보는 기본적 인간관은 실천적 이성practical reason에 기초하고 있다. 이때 실천적 이성이란 민주사회 시민이라면 누구나 가지는 사회공동체의 공공선과 보다 창조적인 미래를 추구하는 인간 내면에 존재하는 보편적인 인간의지를 말한다Charles Anderson, 1993: 223. 이것은 드라이 젝J. Dryzek, 1990이 말하는 '숙의민주주의'의 정책학policy science of 'discursive democracy', 피셔F. Fischer, 1980가 말하는 정책탐구policy inquiry와 일맥상통하면서 동시에 듀이J. Dewey의 실용주의 철학philosophic pragmatism과 하버마스J. Habermas(1987, 1971)가 강조하는 정책탐구, 정책담론, 정책실험, 개방적 사고에 기초한 비판적 이성critical reason 및 교정가능성corrigibility과 궤를 같이한다.

하버마스J. Habermas(1971: 4)는 계량분석에 기초한 실증주의적 접근이 종종 도구적 합리성으로 전락하는 위험성에 대해서 지적한다. 이러한 위험성을 극복하기 위해서는 정책분석 엘리트만이 옳다는 독단적 혹은 일방향적 사고에서 벗어나 "토론과 숙의에 기초한 정책논의"가 필요하며, 이는 인간 내면에 존재하는 실천적 이성에 기초한 토론과 숙의의 중요성에 대한 믿음이며, 이러한 정신만이 18세기 말 이후 계몽주의 철학자들이 미처 완성하지 못했던 "미완의 프로젝트Unfinished Project"를 실현시키는 유일한 길이라고 강조했다.

앤더슨Charles Anderson(1993: 215-227)은 인간행위의 이성을 설명하고 규정짓는 공통된 틀로서 세 가지 이론적 흐름을 제시하면서 실천적 이성에 기초한 숙의민주주의야말로 민주주의 정책학을 실현하는 중요한 정책학 이론이라는 점을 강조했다.

카힐과 오버만A. Cahill & S. Overman(1990: 13-24) 역시도 민주주의 정책학에 있어서 실천적 이성에 기초한 정책토론과 정책논증의 중요성을 강조한다. 이들은 정책분석의 그 외관상 눈부신 발전에도 불구하고 하나의 통합된 틀이 없음을 지적하고, 정책연구가 좁은 의미의 합리성에 토대를 둔 기계적인 정책분석이나 계량모형으로 전락하고 있음을 지적하면서 정책학 이론이 앞으로 보다 다양하고 넓은 의미의 유기적인 학문으로 진화해야 한다고 주장했다.

우리는 이상의 논의를 통해 민주주의 정책학을 실현하는 데 있어서 인간의 존엄성에 대한 지향 및 근본적 문제의 추구가 중요하다는 점을 알 수 있었다. 이는 좁은 의미의 기계론적 합리모형이 아니라, 민주사회의 보편적 시민이라면 누구나 지니는 인간 내면의 실천적 이성에 기초한 열린 사고와 토론 그리고 숙의를 요구하는 것이다. 정책문제에 담긴 다양한 형태의 해석적 구조와 주장을 발견해 나가려는 노력이 정책학 이론의 중요한 인식론적 토대가 되어야 할 것이다.

마이클 샌델의 제3의 정의

우리에게 널리 알려진 하버드 대학의 마이클 샌델Michael Sandel 역시도 유사한 통찰을 제시했다. 그는 대표작 『정의란 무엇인가』에서 정의를 이해하는 세 가지 방식, 즉 1) 공리, 2) 자유, 3) 미덕을 들고서, '최대 다수의 최대 행복'의 기준으로서 경제학적 공리주의 접근, '자신이 하고 싶은 일을 마음대로 할 수 있게 하는' 기준으로서 정치학적 자유주의 전통만으로는 인간의 정의와 행복을 설명할 수 없다고 주장했다. 더 나아가 인간에게는 이러한 물질이나 제도를 넘어선 그 무엇, 더 높은 차원의 미덕이 존재한다는 것이다.[21)]

이러한 논의는 낮은 차원의 플랫폼과 높은 차원의 플랫폼을 시사해주고 있다. 우리 사회는 자본주의가 심화되면서 이미 경제학적 편의주의가 팽배해 있다. 경제적 효율성이나 비용편익분석에 기초한 정책분석이 상당 부분 대세를 이루고 있다. 편리성, 편의주의, 물질 중심의 사고를 넘어선 그 무엇이 인간에게는 존재한다. 그것은 '공동선으로서의 미덕'이라고 불러도 좋지만, 인간 내면에는 돈(물질)과 자유(제도)만으로는 설명할 수 없는 높은 차원의 이성이 존재하는 것이다. 그렇다면, 정책학은 현실과 타협하여 즉흥적인 정책을 펼치는 데에만 주력할 것인가?

정부는 장기적 시각에서 미래를 내다보고, 바람직한 삶이라는 관점에서 공동체의 선善을 고양시킬 수 있는 정책을 고민해야 한다. 무엇이 옳은 정책인지, 무엇이 바람직한 삶의 방식인지를 고민해야 한다. 시민들 내면에 존재하는 실천이성을 자극하고 고양시킬 수 있는 방안을 고민해야 한다.

그렇다면 무엇이 미덕인지, 무엇이 옳은 정책인지, 무엇이 최선의 삶인지를 고민하는 공적 토론도 활성화되어야 한다. 또한 무엇이 훌륭한 정책인지를 평가할 수 있는 분석과 판단 기준이 제시되어야 한다. 단순한 효율성이나 절차와 같은 민주성뿐만 아니라, 보다 높은 차원에서의 가치들이 중히 여겨질 수 있는 기준들이 제시되어야 한다.

요약

이 장에서는 인간의 존엄성에 대한 철학적, 인식론적 토대에 대해서 고찰해 보았다. 인간과 존엄에 대한 이해를 기초로 인간 내면에 존재하는 실천적 이성 등에 대해서 살펴보았다.

정책학의 최종 목표는 인간의 존엄성 실현이다. 인간의 존엄을 실현함으로써 높은 차원의 사회 질서를 구현하고자 하는 것이 정책학의 정신이다.

인간은 정치적 자유, 경제적 공리를 넘어서 공동체와 미래의 선을 추구하는 존재이다. 인간 내면의 질서에는 낮은 차원과 함께 높은 차원의 플랫폼이 있듯이, 정책학에도 낮은 차원과 높은 차원의 플랫폼이 있다.

그렇다면, 우리는 어떻게 인간의 원리를 보다 높은 차원에서 구현해 나갈 수 있을 것인가? 법과 제도에 기초한 라스웰H. Lasswell의 민주주의 정책학을 넘어 사랑과 인간애에 기초한 성찰적 정책학을 어떻게 발전시킬 수 있을 것인가?

그러려면, 민주주의의 가치를 확인해 나가면서 인간을 인간답게 해주는 성찰성과 같은 이념적 기반을 만들어 나가야 하는데, 나와 남이 하나가 되고 열린 성찰의 시대를 열기 위해 정책학은 어떤 노력과 학문적 패러다임을 만들어 나가야 할 것인가?

7 정책철학을 이용한 정책분석

정책학의 철학적 토대

정책학이라는 학문은 인식론의 토대 위에 서 있다. 그것은 인간의 존엄성을 실현하려는 윤리적 기초와 실천이성과 주관적 극대화라는 인간관을 토대로 하는 행태적 기초와 문제지향성이라는 실용주의 철학을 구현하려는 철학적 기초라는 세 가지 기둥을 중심으로 세워져 있다. 한마디로 정책학은 과학적 탐구 정신과 증거에 기반한 접근을 토대로 하되 인류 사회의 보편적 존엄성을 추구하는 매우 깊고 스케일이 장대한 학문이다. 그리하여 정책분석은 경제분석이나 경영분석 혹은 재무분석과는 다르다. 어디까지나 인간의 존엄성을 실현하기 위해 인간에 대한 이해를 기초로 창조적 대안과 과학적 논리를 동원해야 하는 것이다.

허범 교수님의 연구: 바람직한 정책학을 위한 창조적 탐색

허범(1982, 1992, 1995)은 바람직한 정책학을 위한 창조적 탐색에서 정책학이 전제하고 있는 인간관의 다섯 가지 특징을 제시한 바 있는데, 이를 조금 수정해 보았다.

첫째, 목적과 주체로서의 인간이다. 인간은 어떤 경우에도 목적과 주체로서 대우해야 한다. 인간은 정신적 능력을 보유한 존재로서 감성, 이성, 영성을 지닌 존재이기 때문이다.

둘째, 인격적 능력에 대한 믿음이다. 인간은 육체적 존엄과 함께 정신적 능력을 갖춘 존재이다.

셋째, 자율적 능력에 대한 믿음이다. 인간은 자연법칙에 지배를 받는 광물, 식물, 동물과는 다르며, 따라서 단순한 감각적 존재가 아니다.

넷째, 비판적 진단 및 효율성이다. 인간은 어제의 모순과 결함을 교정하여 효율적으로 일을 추진할 수 있다.

• 그림 7-1 선행연구 검토: 바람직한 정책학 이론의 창조적 구성

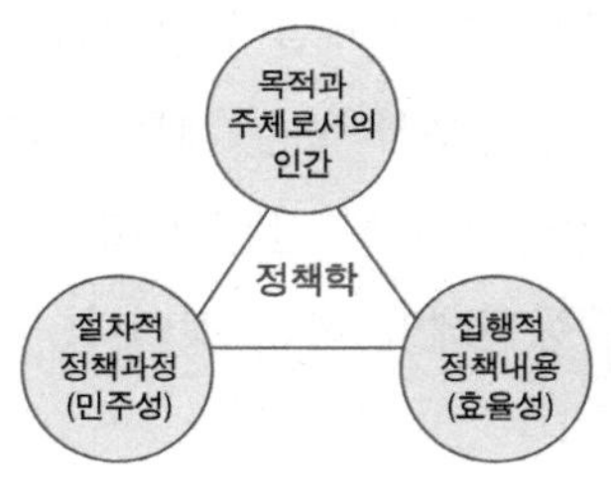

허범 교수님 연구의 비판적 수용 (* 1982, 1992, 1995의 수정)

- 인간은 어떤 경우에도 목적과 주체로서 대우해야 한다:
  목적과 주체로서의 인간: 인간의 정신적 능력
  (감성+이성+영성)
- 논거1: 인간은 육체적 존엄과 함께 높은 정신적 능력을 갖춘 존재이다:
  인격적 능력에 대한 믿음
- 논거2: 인간은 자연법칙의 지배를 받는 단순한 감각적 존재가 아니다:
  자율적 능력에 대한 믿음
- 인간은 어제의 모순과 결함을 교정하여 효율적으로 일 추진 할 수 있다:
  비판적 진단 및 효율성
- 인간은 혁신적 처방과 민주적 절차로 내일의 새로움을 창조할 수 있다:
  창조적 처방 및 민주성

다섯째, 창조적 처방 및 민주성이다. 인간은 혁신적 처방과 민주적 절차로 내일의 새로움을 창조할 수 있다.

정리하자면, 정책학은 절차와 제도로서의 정책과정에 관한 학문으로서 민주성을 추구하며, 집행과 관리로서의 정책내용에 관한 학문으로서 효율성을 추구할 뿐만 아니라 가장 중요하게는 목적과 주체로서의 인간을 중시하는 학문이다. 목적과 주체로서의 인간. 이것이 바로 성찰성 이념과 연결되는 대목이다. 역시 단순한 수사나 어구가 아니라, 좀 더 공식적으로 정책모형formal theory & model에 내재화된 이념이나 변수endogenous ideation & variable로 도입할 필요가 있었다.

정책학은 경제적 효율성만을 추구하는 학문도 아니고, 정치학처럼 민주성만을 추구하는 학문도 아니다. 더 나아가 정책학은 보다 본질적으로 인간이 그 자체로서, 목적과 주체로서 대우받아야 한다는 인간 존엄의 사상에 기초하고 있다. 이것이 정책학의 핵심 키워드이다. 이것을 어떻게 지키고 함양할 수 있을까? 그리고 이것을 어떻게 공식적인 정책이념으로 정립하고 구체적인 방법론으로 실현해 나갈 수 있을까? 하는 것이 필자의 시각으로는 매우 중요한 학술적 과제였다.

민주주의 정책학을 넘어서

이처럼 정책학은 좀 더 본질적인 이슈인 '인간의 존엄성'이라는 최고 이념에 천착해야 한다. 효율성, 제도나 절차로서의 민주성을 넘어 보다 근본적인 이슈에 대해 탐구하고 이를 공식화하고 모형에 반영해야 한다.

특히 미래의 정책학은 단순한 제도로서의 민주주의 정책학이 아니라 성찰적 혹은 창조적 정책학으로의 발전적 진화가능성을 타진하면서 정책학에 내재된 '성찰적 요소'들에 대해 천착穿鑿할 필요가 있다. 그러한 요소들에는 다음과 같은 것들이 있다(권기헌, 2012: 191－192).

1) 정책학은 사회공동체에 대한 이상理想을 강조한다. 정책학이 인간의 존엄성과 실천적 이성을 강조하는 이유도 우리 공동체를 좀 더 완성시켜 지혜와 덕행이 구비된 성찰적 공동체를 실현시키려는 정책학적 꿈과 이상이 있기 때문이다.
2) 정책학은 인간의 존엄성을 지향한다. 정책학에서 강조하는 인간의 존엄성은 국가이익에 기초한 국가의 존엄성을 뛰어넘는 인류공동체적인 휴머니즘에 기초한 인류의 보편적 존엄성이다.
3) 정책학은 실천적 이성理性을 강조한다. 실천적 이성에 기초한 숙의민주주의 모형practical reason and deliberative democracy이야말로 민주사회의 보편적 시민이라면 대화와 토론을 통해 공공선과 보다 창조적인 미래를 추구하는 인간 내면의 실천적 이성에 기초한 성찰적 정책분석모형이다.
4) 정책학은 정책대상집단을 배려配慮하는 가슴 따뜻한 학문이다. 정책학은 정책이 시행되는 정책대상집단과의 '소통'communication과 '배려'consideration를 특히 강조하는 가슴 따뜻한 학문인 바, 정책학은 효율성 분석 이전에 정책수요 측면에서 정책대상집단의 동기의 적합성에 대한 고려가 중요하게 다루어져야 하고, 이러한 정책수요분석에 있어서 정책결정자가 견지해야 할 핵심가치는 성찰성이 되어야 한다.
5) 정책학은 민주주의의 완성을 추구한다. 참여, 숙의, 합의가 지켜지는 민주주의란 주로 민주주의의 절차적 측면이 강조된 것인 바, 법적 요건과 행정절차법적 제도 이외에 상대방에 대한 배려와 마음, 공동체에 대한 배려와 마음이 있을 때 우리 사회는 한차례 더 성숙해질 수 있을 것이다. 절차적 민주주의가 내용적 측면에서까지 꽃핀 상태가 성찰적 민주

주의이며, 따라서 민주주의 정책학의 완성은 성찰사회의 실현으로 완성될 수 있을 것이다.

정책학이 바라보는 인간관

인간은 무엇을 추구하는 존재인가?

물질을 토대로 정신을 추구한다. 생존적 욕구와 안전적 욕구가 충족되면 사회적 욕구를 토대로 자기 존중감와 자아실현을 추구한다. 평화로운 질서 속에서 사랑과 풍요를 구하는 것이다. 비록 현실이 어려울지라도 인간은 높은 차원의 플랫폼을 지향한다.

지난 수 천 년의 역사 속에서 별의별 일들을 다 겪어봤지만 그리고 지금 이 순간에도 우리를 두렵게 하는 별의별 일들이 다 일어나고 있지만 그래도 우리는 평화와 사랑을 꿈꾼다. 비록 몸과 현실은 힘든 곳에 있다손 치더라도 우리의 정신과 이념은 높은 단계를 꿈꾼다. 그리고 이것을 현실 속에서 실현시켜야 한다. 그렇다면, 이러한 보다 높은 단계의 플랫폼 실현을 위해서는 어떤 정책분석이 필요할 것인가?

찰스 앤더슨Charles Anderson, 1993: 215-227은 제3의 이성이 필요하다고 보았다. 단순한 공리로서의 경제적 이성과 자유로서의 정치적 이성을 넘어서는 제3의 이성으로서의 실천적 이성이 필요하다고 보았다. 공리로서의 효율성과 자유로서의 민주성을 넘어서는 제3의 이성으로서의 성찰성이 필요하다고 본 것이다.

논리적 근거

존재의 차원에는 낮은 차원과 높은 차원이 있다. 물질과 욕심에 집착하고 있을 때 우리의 의식은 낮은 차원에 머무는 것이다. 하지만 우리가 물질과 욕심, 두려움의 속박으로부터 자유로울 때, 우리의 의식은 편안하게 드높이 올라 높은 파동으로 고양될 수 있는 것이다. 그것은 우리의 의식이 물질적 감각을 넘어서 또 다른 차원으로 들어 올려지는 존재의 기쁨이다. 그것은 우리 내면의 존재의 근원으로부터 나오는 창조적 힘이다.

우리는 인간이 단순한 육체와 본능의 존재가 아님을 알고 있다. 인간 내면에는 놀라운 힘이 있으며, 그것은 존재로부터 흘러나오는 창조적 역동성이다. 정책학의 실천이성도 마침 인간을 언제나 수단이 아닌 목적으로 대우해야 하며, 인간을 도덕적 존재, 주체적 존재로 간주해야 한다고 역설하고 있다.

이처럼 정책학에도 낮은 차원과 높은 차원의 분석이 존재한다. 우리의 분석이 물질과 제도에만 매달려 효율에만 집착하고 있을 때 우리 사회는 진정한 창조와 행복을 구현할 수 없다. 물질과 효율을 넘어 보다 높은 차원의 가치, 즉 민주와 성찰을 분석할 수 있을 때 우리 사회의 목적과 방향성을 제대로 구현할 수 있다.

이것은 정부 내부의 효율성 분석, 정부 내부－외부 간 민주성 분석과 함께 공동체 전체의 방향성을 위한 성찰성 분석을 의미한다.

다차원적 구조

정책분석의 다차원적 구조는 이렇다. 1인칭은 나(정부)를 의미하며 여기서 정책의 주체 및 집행자로서 공급분석이 이루어진다. 이것은 효율성 차원이다. 정부 내부의 효율성과 관리의 경영적 측면이 강조되며 효율적 국정관리라고 부를 수 있다.

2인칭은 너(국민) 혹은 나와 너(정부와 국민) 간의 민주적 관계와 절차를 의미하며 수요분석을 필요로 한다. 이것은 민주성 차원이다. 정부의 내부와 외부 간 대화와 소통이 강조되는 등 민주적 국정관리를 의미한다.

3인칭은 복수의 대명사로서 우리(공동체)를 말한다. 자유과 공동체의 성찰 및 철학의 지향점을 필요로 하며, 이는 상호작용적 거버넌스 혹은 환경 분석을 필요로 한다. 이는 성찰성 차원이다. 인간의 존엄성, 신뢰받고 성숙한 공동체와 같은 공동체 전체 차원의 공감과 성찰을 분석한다.

이처럼 효율이 1인칭적인 효율성 강화, 민주가 나와 너의 관계적 의미를 지닌다면, 성찰은 3인칭으로 거듭나는 자유와 공동체를 성숙시킨다는 의미를 지니고 있다. 나와 너, 지금 세대와 다음 세대, 즉 시간과 공간적 사유를 성찰하는 제3의 이성이 필요하며, 그리하여 개인적으로는 인간의 존엄을 실현하고, 집단적으로는 진정한 열린 공동체의 성장을 실현하는 성찰성이 필요하다고 볼 수 있다.

성찰적 정책모형

성찰적 정책모형이란 단순히 비용—편익 및 비용—효과성에 맞춘 기존의 양적 측면의 정책분석의 한계를 극복하고 보완하기 위해 나타난 새로운 정책분석모형이다.[22] 다시 말해서 양적 측면의 정책분석 요소 외에 질적 측면의 정책분석 요소 중 최상위가치 분석기준인 성찰성을 고려한 정책모형이다.

성찰성은 라스웰H. Lasswell이 주장한 '민주주의 정책학'에 대한 이해에서부터 출발한다. 라스웰H. Lasswell의 민주주의 정책학이란 인간의 존엄성의 실현을 토대로 인간 사회를 더 나은 방향으로 진보시키는 것을 말한다(권기헌, 2012: 154).

성찰성은 최상위가치에 대한 분석이념이다. 따라서 성찰성은 특정 정책이 개인의 존엄성 실현에 기여하는 정도에 대한 판단과 우리 사회를 좀 더 신뢰받고 성숙한 공동체로 구현하는 데 기여하는 정도에 대한 판단을 의미한다.

성찰적 분석기준

성찰적 정책모형은 정책분석의 세 가지 기준인 성찰성, 민주성, 그리고 효율성 중에서 성찰성에 초점을 맞춘 정책모형이다. 그 구체적 분석 내용은 1) 정책의 수요분석: 정책대상집단의 수요에 기반한need-based 정책설계policy design인가?, 2) 정책의 공급분석: 정책공급(정책동기)의 공익성과 정책의 수혜로부터 소외된 집단에 대한 '소통'과 '배려'가 있는가?, 3) 정책의 환경분석: 정책대상집단의 자각적 시민의식의 성숙과 민주적 정책네트워크의 참여를 통한 공급자와 수요자의 상호작용적 거버넌스가 구현되고 있는가로 요약할 수 있다(문상호·권기헌, 2009: 13-16). 위 내용을 보기 쉽게 표로 나타내면 다음과 같다.

• 표 7-1 성찰적 정책모형의 분석기준

성찰성 분석기준	인간의 존엄성 실현	<제1조건> 정책대상집단의 수요에 기반한 정책설계(정책수요)
		<제2조건> 정책동기의 공익성과 소외집단에 대한 소통과 배려(정책공급)
	신뢰받고 성숙한 공동체	<제3조건> 정책대상집단의 자각적 시민의식의 성숙과 민주적 정책네트워크 참여를 통한 공급자와 수요자의 상호작용적 거버넌스의 구현(정책환경)

(1) 〈제1조건〉 정책대상집단의 수요에 기반한 정책설계인가? (정책수요)

첫째, 정책대상집단의 수요에 기반한 정책설계인가에 대한 내용은 정책수요에 기반한 정책설계는 성찰적 정책이 갖추어야 할 요건 중 수요측면에서 요구되는 조건이다(성찰적 조건의 제1조건). 즉, 정책분석에 있어 성찰성 기준은 먼저 정책의 수요 측면에서 해당 정책이 진정으로 정책대상집단의 필요에 부응하는가라는 물음을 제기할 것을 요구한다. 정책대상집단 전체가 진정으로 해당 정책을 필요로 하고 있는지 혹은 정책대상집단 중 일부만 필요로 하고 다른 일부는 미온적인지, 혹은 이에 더 나아가 반대의 입장을 지니고 있는지에 대한 정책수요조사가 필요하다.

(2) 〈제2조건〉 정책공급(정책동기)의 공익성과 소외집단에 대한 '소통'과 '배려'가 있었는가? (정책공급)

둘째, 성찰적 정책이 갖추어야 할 다음의 요건은 정책의 공급 측면에서 요구된다(성찰적 정책의 제2조건). 정책동기의 공익성과 소외집단에 대한 '소통'과 '배려'가 있었는가를 분석하는 단계는 수요가 아닌 '공급'에 초점이 맞춰진 단계이다. 정책의 공급자가 자신의 이익을 위해 정책을 공급하는 것인지, 아니면 진정으로 정책대상집단의 요구를 받들어 그들의 후생을 증진시키려는 목적으로 정책을 공급하는 것인지를 가려내는 단계라고 할 수 있다. 정책 공급자의 이익이란 정치적 목적일 수도 있고, 관련 부처의 조직 이기주의에 해당하는 것일 수도 있다. 다시 말해, 실현된 정책의 결과와 정책 공급자의 목적 사이의 연관성을 분석해 내는 것을 말한다. 그리고 여기에 '성찰성'의 개념이 들어오게 되면 정책 공급자에게 '공공의 형평적 유익을 구하는 사회적 조정자'로서의 역할을 할 것을 요구한다. 정책이 시행되면 필연적으로 그 정책의 수혜를 입는 집단과 그렇지 못한 집단이 나뉘게 되는데, 이때 정책의 실현에 따른 비용을 떠안게 되는 비용부담집단과의 '소통'이 정책과정 중에 있었는지, 그리고 그들에 대한 따뜻한 '배려'가 있었는지를 이 단계에서 확인하고 평가하는 것이다.

(3) 〈제3조건〉 정책대상집단이 성찰적 정책을 수용할 의지가 있는가? 그리고 고양된 인간의 존엄성과 성숙한 공동체의식을 지니는가? 자각적 시민의식의 성숙과 민주적 정책네트워크 참여를 통한 공급자와 수요자의 상호작용적 거버넌스의 구현은 이루어지고 있는가? (정책환경)

셋째, 정책대상집단이 성찰적 정책을 수용할 의지가 있는지 고양된 인간의 존엄성과 성숙한 공동체의식을 지니는지를 묻는다(성찰적 정책의 제3조건). 즉, 신뢰받고 성숙한 공동체 실현의 조건으로서의 정책대상집단의 자각적 시민의식과 민주적 정책네트워크 참여 단계는 정책과정의 합리성이 정책수용자의 입장에서 충분히 납득할 만한지 그리고 정책대상집단이 성찰적 정책을 수용할 의지가 있는지와 그들이 '인간의 존엄성'과 '성숙한 공동체의식'을 지니는지에 대해 공급자와 수요자 쌍방의 상호작용적 관계를 묻는 단계이다.

이를 요약해 보자면, 먼저 정책이 앞의 두 조건을 만족한다고 하여도 정책대상집단 중에 무조건적인 반대를 하는 집단이 존재하면 아무리 성찰성이 뒷받침된 정책이라 하여도 성공하기 힘들 수 있을 것이다. 이러한 반대집단은 '자각적 시민의식'이 결여된 상태이며 정책 성공을 방해하는 큰 요인으로 작용하게 될 것이기 때문이다.

요약

정책학의 기본 이념은 효율성과 민주성이다. 과학적 정책수단의 개발은 효율성과 닿아있고, 민주주의 정책학을 구현하는 것은 민주성과 맥을 같이한다. 정부와 관료들은 정책을 지나치게 도구적 수단 내지는 효율성 관점에서 접근한다. 민주성이 정치학적 접근에 맞닿아 있다면 효율성은 경제학적 접근에 맞닿아 있다.

하지만 정책학은 이 보다 한 단계 더 나아가야 한다. 그것은 성찰성 이념이라고 규정할 수 있다. 즉, 정책학의 본질은 인간의 존엄성 추구에 있으며, 이를 위해 정책은 인간의 행복과 자아실현의 합목적적 수단이 되어야 한다.

정책학에는 낮은 차원과 높은 차원의 플랫폼이 있다. 단순한 법질서의 유지, 경제의 만족이라는 물질적 감각은 더 높은 차원의 진리眞理와 선善을 향해 나아갈 때 의미가 있다. 정부가 높은 차원의 철학을 지닐 때 사회는 보다 아름답고 선善한 질서를 구현할 수 있는 것이다.

성찰성은 라스웰H. Lasswell이 주장한 '민주주의 정책학'에 대한 이해에서부터 출발한다. 성찰성은 최상위가치에 대한 분석이념이다. 따라서 성찰성은 특정 정책이 개인의 존엄성 실현에 기여하는 정도에 대한 판단과 우리 사회를 좀 더 신뢰받고 성숙한 공동체로 구현하는 데 기여하는 정도에 대한 판단을 의미한다.

따라서 성찰성 분석기준은 특정 정책이 인간의 존엄성 실현에 기여하는 정도에 대한 판단과 우리 사회를 좀 더 신뢰받고 성숙된 공동체로 구현하는 데 기여하는 정도에 대한 판단을 중시하며, 그 구체적 분석기준은 1) 정책의 수요분석: 정책대상집단의 수요에 기반한need-based 정책설계policy design인가?, 2) 정책의 공급분석: 정책공급(정책동기)의 공익성과 정책의 수혜로부터 소외된 집단에 대한 '소통'과 '배려'가 있는가?, 3) 정책의 환경분석: 정책대상집단의 자각적 시민의식의 성숙과 민주적 정책 네트워크의 참여를 통한 공급자와 수요자의 상호작용적 거버넌스가 구현되고 있는가로 요약될 수 있다.

결론 및 함의

결론 및 함의

이제 본서에서 제기한 정책학이란 무엇인가에 대한 논의를 종합적으로 정리해 보자.

세 가지 학술 흐름들

정책학을 지탱하는 기반에는 세 가지 학술적 흐름school of thought이 있는데, 그것은 정치학적 흐름(권력구조, 정책결정, 정치과정), 경제학적 흐름(통계학, 미시경제학, 계량방법론), 그리고 철학적 흐름(인간의 존엄과 실천적 이성, 인문주의적 가치를 강조하는 정책 철학과 윤리)이다.

첫째, 정치학적 흐름은 정책의 구조기능론적인 측면과 연결된다. 정책이 발생하는 장소locus인 정부(크게는 행정, 입법, 사법을 총칭함)의 권력구조와 기능, 거버넌스, 그리고 정치과정론적인 측면을 주로 분석한다. 정책과정론, 권력구조, 정책결정모형 등으로 전개된다.

둘째, 경제학적 흐름은 정책의 분석방법론적인 측면과 연결된다. 통계학과 미시경제학, 정책의 비용과 편익, 규제의 강도, 정책대안의 선택을 위한 계량적 논리와 근거를 제공한다. 증거 기반 정책학, 정책분석론, 정책평가론 등으로 전개된다.

셋째, 철학적 흐름은 정책의 형이상학적 측면과 연결된다. 정책이 근본적으로 왜 존재해야 하는지에 대한 정책의 윤리적 근거와 인간의 존엄 및 실천적 이성을 토대로 한 철학적 기반을 제공한다. 정책학의 창시자, 라스웰H. Lasswell은 처음부터 인간의 존엄이라는 가치를 지고한 이념으로 강조했기에 가장 중요한 영역이며, 이는 다양한 형태의 정책철학과 윤리 혹은 정책이념 등으로 전개된다.

본서는 정책학이란 무엇인가 라는 주제에 쉽게 다가가기 위해 위의 세 가지 흐름을 토대로 구성되었다.

학술적 화두ACADEMIC PUZZLE와 정책분석

정책 분석은 “나누고 쪼갠다”는 의미를 지니고 있으며, 그 핵심은 원인과 결과의 메커니즘을 밝히는 인과관계의 규명에 있다.

대학원은 학문의 진리를 탐구하는 곳이며, 이를 발견하기 위해 우리는 다양한 시뮬레이션을 하게 된다. 하지만 방법론에 앞서 가장 중요한 것은 나는 여기에 왜 있는가에 대한 질문이며 그것은 학술적 화두 ACADEMIC PUZZLE로 이어진다.

독립변수와 종속변수는 선형적 관계인가? 비선형적 관계인가? 한 개의 요인이 유독 강하게 나타나는가, 아니면 여러 개의 요인들이 상호 복합적으로 작용하는가? 그것은 심리적 요인인가, 구조적 요인인가, 환경적 요인인가? 그 중 정부가 개입하여 통제할 수 있는 요인은 무엇인가?

이처럼 우리는 과학적 탐구의 지식을 동원하여 가장 적합한 인과 구조를 밝혀내고자 노력해야 하며, 이를 통해 우리 사회에 선한 영향력, 즉 밝은 빛을 밝히고자 해야 한다.

대학원과 과학적 탐구

대학원은 과학적 탐구를 하는 곳이다. 진리를 탐구하고 이를 깊이 있게 연구하여 사회에 내놓는 곳이다. 학부에서 기본 지식을 익혔다면 대학원에서는 이를 토대로 좀 더 깊이 파고 연구하여 우리 사회의 발전 방안을 제시하는 곳이다. 나는 왜 이 연구를 하는가? 이것은 우리 사회 혹은 정부에 어떤 도움이 되는가? 무엇보다 이 연구는 내 가슴을 뛰게 하는가를 자신에게 물어보아야 한다.

정책모형의 활용

정책학은 정책모형의 학문이다. 다양한 정책모형들은 그들만의 철학과 전제를 배경으로 제시되어 있다. 전통모형인 라스웰의 단계모형stage model에서부터 현대정책모형, 예컨대 킹돈의 흐름모형multiple stream model, 사바티어의 ACFadvocacy coalition model모형, 무씨아로니의 ICFinterest Group Standing Change Framework모형, 앨리슨의 정책결정모형essence of decision에 이르기까지, 더 나아가 자하리아디스Zahariadis, 호울렛Howlett, 헤르웨그Herweg 등의 다중흐름모형과 버크랜드Birkland의 학습모형에 이르기까지 모두가 각자의 관점과 패러다임을 가지고 있다.

이처럼 다양한 형태의 정책모형들이 대립하는 가운데 어떤 모형의 설명력이 더 높은지를 검증해 보는 것도 좋은 방법이다. 정책분석에서 자신 만의 연구모형을 제안할 때 기존의 정책모형들을 토대로 때로는 그들 모형들을 융합하여 자신의 모형을 제시할 수 있으며, 자신이 관심을 갖는 정책현상을 설명함에 있어 어떤 모형의 설명력이 보다 더 깊은 내적 타당성과 외적 타당성을 확보하고 있는지 연구해 보는 것이다.

정책분석이 수준 높은 솔루션을 제시하려면 단순한 양적 분석이나 질적 분석을 넘어 국정 운영에 따른 다양한 권력적 역학관계power dynamics와 정치경제학적 긴장관계political economic relations를 분석할 수 있어야 한다.

정책분석이 단순한 데이터 분석과 다른 점은 국정 거버넌스 안에는 데이터로 포착될 수 없는 복합적 동력과 긴장, 혹은 권력 작용에서 오는 다양한 갈등과 역학 관계를 담고 있는 경우가 많기 때문이다.

이를 위해서는 정책문제와 정책과정, 그리고 국정 거버넌스를 바라보는 준거 틀인 정책모형政策模型에 대한 정확한 이해가 선행되어야 한다. 이런 관점에서도 정책모형에 대한 중요성은 부각되고 있는 것이다.

고급 통계분석

그럼에도 불구하고, 학문의 꽃은 통계학이다. 계량분석이 전제되지 않고서 사회과학을 논할 수 없다. 현대문명과 학문발전의 백미白眉는 행태과학의 발견 및 혁명에 있으며, 계량기법의 발전으로 인해 인간 사고의 지평과 분석의 차원은 그 이전 시대와 비교할 수 없을 정도로 깊어지고 높아졌다. 가령, 지금으로부터 불과 몇 백 년 전인 퇴계와 율곡의 시대 혹은 심지어 다산의 시대라 할지라도 인문학적 탐구는 가능했을지언정, 2X2를 넘어서는 다多 변량 변수의 관계에 대한 과학적 추론은 가능하지도 않았을 뿐 아니라 시도조차 할 엄두를 내지 못했다.

이처럼 현대 사회과학의 핵심은 인과관계causal relationship의 규명이며, 그것도 과학적 근거에 기초한 다多 변량 변수들 간의 인과관계 탐구이다.

정책의 성공과 실패 요인을 규명하려는 정책분석의 탐구법은 크게 양적분석과 질적분석으로 나뉘며, 이 둘은 상호보완적 관계에서 통합적으로 진리규명에 도움을 준다. 이처럼 정책학의 인과관계에 대한 근본원인 규명은 양적분석과 질적분석의 조화로운 사용과 다각적 접근을 요구하고 있다.

이를 위해서는 독립변수와 종속변수의 방향과 강도에 대한 일치성consistency, 원인성causality, 상관성correlation을 규명하고자 하는 양적분석을 통한 과학적 법칙의 규명이 선행되어야 하며, 이러한 양적분석은 이론theory 토대의 발견과 보강, 연구결과의 발견finding에 대한 심층탐구in-depth analysis 및 심층면접in-depth interview 등 질적분석의 접목을 통해 더욱 더 견고하게 된다.

또한, 회의록분석과 같은 내용분석, 적실성 높은 사례연구, 우수사례B/P에 대한 벤치마킹 등 질적분석은 정책분석의 인과관계 규명을 더욱 더 견고하게 만들어 줄 것이다. 이처럼 정책분석을 통한 인과관계 규명은 계량분석, 사례연구, 심층면접 등 방법의 삼각접근Triangulation 및 연구방법의 다각화를 통한 통합적 접근으로 진행될 때 정책학 연구의 과학적 토대는 더욱 더 강화되게 될 것이다.

고차원적인 연구전략

그러나 한편으로 우리는 "계량분석만이 능사인가?"하는 질문을 던지지 않을 수 없다. 당연히 계량만이 능사는 아니다. 올바른 정책분석은 직관과 통찰력을 요구하며, 그 직관은 입체적 사고를 요구한다.

우리는 지금 격변의 시대에 살고 있다. 기후변화로 인한 자연재난, 코로나 팬데믹을 통한 바이러스 공격, 미국, 중국, 러시아 등 강대국들 간의 국제 정치경제적 대립과 경쟁, 고물가와 경제불황 등 격변의 시대를 살고 있다. 한편 국제기술경쟁을 통한 무역전쟁도 현재 진행형이다.

21세기 정책 화두는 다양성, 창의성, 실용성이다. 다양성과 창의성을 토대로 실용성을 추구해야 한다. 디지털은 시간, 속도, 불확실성이다. 시공의 압축 혁명 속에서 생각의 속도로 움직이는 디지털 신경망 조직을 만들고, 조직 구성원과 최고 책임자의 의식을 업그레이드하지 않으면 살아남지 못하는 시대에 살고 있다. 격변의 시대이며, 변화와 속도의 시대이다. 이에 따라 정책분석도 다양한 계량방법론과 함께 국정 거버넌스에 포함된 다양한 형태의 권력관계, 정치경제적 역학구조, 힘과 동력들을 분석할 수 있어야 한다. 그것은 운영이나 데이터의 범주를 넘어서는 고도의 전략적 판단을 요구한다.

정책에서의 성공과 실패란 무엇인가? 정책은 어떤 경우에 성공하고, 어떤 경우에는 실패하게 되는 것일까? 정책이 성공하고 실패하는 데에는 어떤 정책유형별 패턴이 있는 것일까? 그러한 공통의 패턴 인자들을 규명해 내기 위해서 우리는 어떤 접근을 해야 하는가? 도대체 정책의 실패를 미연에 방지하고 학습할 수 있는 방안은 무엇인가?

이러한 질문들은 정책학도들에게 있어서 아주 근본적인 명제들이다. 이를 위해 우리는 Pattern Finding을 위한 다차원 분석, 정책유형－정책단계－정책변수의 분석, 정책혁신과 정책분석, 연구전략 등의 다양한 차원 높은 문제를 고려하지 않을 수 없을 것이다.

인식론적인 것들: 정책철학의 문제에 대해

정책학이라는 학문은 인식론의 토대 위에 서 있다. 그것은 인간의 존엄성을 실현하려는 윤리적 기초와 실천이성과 주관적 극대화라는 인간관을 토대로 하는 행태적 기초와 문제지향성이라는 실용주의 철학을 구현하려는 철학적 기초라는 세 가지 기둥을 중심으로 세워져 있다. 한마디로 정책학은 과학적 탐구 정신과 증거에 기반한 접근을 토대로 하되 인류 사회의 보편적 존엄성을 추구하는 매우 깊고 스케일이 장대한 학문이다. 따라서 정책분석은 경제분석이나 재무분석과는 다르다. 어디까

지나 인간의 존엄성을 실현하기 위해 인간에 대한 이해를 기초로 창조적 대안과 과학적 논리를 동원해야 하는 것이다.

정책학이 바라보는 인간관

인간은 무엇을 추구하는 존재인가?

물질을 토대로 정신을 추구한다. 생존적 욕구와 안전적 욕구가 충족되면 사회적 욕구를 토대로 자기 존중감와 자아실현을 추구한다. 평화로운 질서 속에서 사랑과 풍요를 구하는 것이다. 비록 현실이 어려울지라도 인간은 높은 차원의 플랫폼을 지향한다.

찰스 앤더슨Charles Anderson, 1993: 215-227은 제3의 이성이 필요하다고 보았다. 단순한 공리로서의 경제적 이성과 자유로서의 정치적 이성을 넘어서는 제3의 이성으로서의 실천적 이성이 필요하다고 보았다. 공리로서의 효율성과 자유로서의 민주성을 넘어서는 제3의 이성으로서의 성찰성이 필요하다고 본 것이다.

낮은 차원과 높은 차원

존재의 차원에는 낮은 차원과 높은 차원이 있다. 물질과 욕심에 집착하고 있을 때에 우리의 의식은 낮은 차원에 머무는 것이다. 하지만 우리가 물질과 욕심, 두려움의 속박으로부터 자유로울 때, 우리의 의식은 편안하게 드높이 올라 높은 파동으로 고양될 수 있는 것이다. 그것은 우리의 의식이 물질적 감각을 넘어서 또 다른 차원으로 들어 올려지는 존재의 기쁨이다. 그것은 우리 내면의 존재의 근원으로부터 나오는 창조적 힘이다.

우리는 인간이 단순한 육체와 본능의 존재가 아님을 알고 있다. 인간 내면에는 놀라운 힘이 있으며, 그것은 존재로부터 흘러나오는 창조적 역동성이다. 정책학의 실천이성도 마침 인간을 언제나 수단이 아닌 목적으로 대우해야 하며, 인간을 도덕적 존재, 주체적 존재로 간주해야 한다고 역설하고 있다.

이처럼 정책학에도 낮은 차원과 높은 차원의 분석이 존재한다. 우리의 분석이 물질과 제도에만 매달려 효율에만 집착하고 있을 때 우리 사회는 진정한 창조와 행복을 구현할 수 없다. 물질과 효율을 넘어 보다 높은 차원의 가치, 즉 민주와 성찰을 분석할 수 있을 때 우리 사회의 목적과 방향성을 제대로 구현할 수 있다.

이것은 정부 내부의 효율성 분석, 정부 내부-외부 간 민주성 분석과 함께 공동체 전체의 방향성을 위한 성찰성분석을 의미한다.

다차원적 분석

정책분석의 다차원적 구조는 이렇다. 1인칭은 나(정부)를 의미하며 여기서 정책의 주체 및 집행자로서 공급분석이 이루어진다. 이것은 효율성 차원이다. 정부 내부의 효율성과 관리의 경영적 측면이 강조되며 효율적 국정관리라고 부를 수 있다.

2인칭은 너(국민) 혹은 나와 너(정부와 국민) 간의 민주적 관계와 절차를 의미하며 수요분석을 필요로 한다. 이것은 민주성 차원이다. 정부의 내부와 외부 간 대화와 소통이 강조되는 등 민주적 국정관리를 의미한다.

3인칭은 복수의 대명사로서 우리(공동체)를 말한다. 자유과 공동체의 성찰 및 철학의 지향점을 필요로 하며, 이는 상호작용적 거버넌스 혹은 환경 분석을 필요로 한다. 이는 성찰성 차원이다. 인간의 존엄성, 신뢰받고 성숙한 공동체와 같은 공동체 전체 차원의 공감과 성찰을 분석한다.

이처럼 효율이 1인칭적인 효율성 강화, 민주가 나와 너의 관계적 의미를 지닌다면, 성찰은 3인칭으로 거듭나는 자유와 공동체를 성숙시킨다는 의미를 지니고 있다. 나와 너, 지금 세대와 다음 세대, 즉 시간과 공간적 사유를 성찰하는 제3의 이성이 필요하며, 그리하여 개인적으로는 인간의 존엄을 실현하고, 집단적으로는 진정한 열린 공동체의 성장을 실현하는 성찰성 분석이 필요하다고 볼 수 있다.

Epilogue 에필로그

인류는 변동성, 불확실성, 복잡성, 모호성으로 대변되는 4차 산업혁명이라는 '거대한 물결' 앞에 서있다. 급변하는 사회변동과 더불어 날로 발전하는 첨단기술의 문명 속에서 4차 산업혁명의 시대는 정신문화와 물질문명의 불균형뿐만 아니라 철학의 빈곤을 초래하고 있다.

그리하여 우리는 지금 그야말로 격변의 시대에 살고 있다. 기후변화로 인한 자연재난, 코로나19 팬데믹을 통한 바이러스 공격, 미국, 중국, 러시아 등 강대국들 간의 국제 정치경제적 대립과 경쟁, 고물가와 실업, 경제 불황 등 실로 우리는 격변의 시대를 살고 있다.

정책분석의 거장, Y. Dror는 『For Ruler』(한국어판: 인류사회 지도자를 위한 비망록)이라는 그의 최신 저서에서 먼저 이 시대가 지니는 불안과 우울에 대해 다음과 같이 진단했다.

> 21세기는 누구에게 그렇게 즐겁지 않을 듯하다.
>
> 그러나 나는 22세기 혹은 그 이후의 시대가 더욱 공정해 질 것이라는 일말의 희망을 간직하고 있다. 유전공학, 인공지능 및 나노 기술은 우리 지구에 있는 생명체를 변형시킬 것이며, 달과 화성 및 우리 태양계의 행성계에(그리고 우리 태양계를 넘어서) 생명체가 살 수 있도록 만들 것이다…
>
> 나는 21세기를 회피하고, 좀 더 먼 미래로 건너뛰어 바로 가고자 한다.
>
> 나와 동행하겠는가?

이어서 95세의 이 노학자는 이 시대를 살고 있는 젊은이들에게 다음과 같은 간곡한 메시지를 전달한다.

> 실존적 선택으로서, 여러분의 진리로서, 이 세상에서의 여러분의 위치로서, 여러분이 인류지도자가 되는 것을 받아들인다면, 그리고 어떠한 외부의 보상도 없이 프로메테우스적 사명인 인류지도자의 역할을 완수하기 위해 노력하고 땀을 흘리며 어떠한 희생도 마다하지 않겠다고 한다면, 나는 나의 모든 존경심을 다하여 이 책을 여러분에게 바치겠습니다.

본서에서는 정책학이란 무엇인가라는 주제를 1) 고급 통계분석을 활용한 경제학적 분석, 2) 정책모형을 활용한 정치학적 분석, 3) 인식론적인 개념을 활용한 철학적 분석 등을 통해 고찰해 보았다. 이러한 정책학의 깊은 사고와 논리가 정책학을 이해하는데 도움이 되고, 더 나아가 이 시대의 난제難題를 해결하는 정책학의 깊은 이해에 조금이라도 보탬이 되었으면 한다.

미 주

1) 우리나라정책학 제1세대 학자 중에서 정치학적 흐름을 대표하셨던 분은 서울대 정정길 교수님이다. 학부에서 법학을 배경으로 미국 미시간(Michigan)대 정치학 박사 학위를 하셨기에, 다른 업적도 많으셨지만, 정치과정론, 정책결정론 등에 많은 기여를 하셨다. 또한 계량경제학적 흐름을 대표하셨던 분은 서울대 노화준 교수님이다. 학부에서 공학을 배경으로 미국 시라큐스(Syracuse)대 행정학 박사를 하셨기에 계량분석론, 정책분석론, 정책평가론 등에 많은 기여를 하셨다. 한편 정책 철학과 윤리의 흐름을 대표하셨던 분은 성균관대 허범 교수님이다. 학부에서 정치학과 철학을 배경으로 미국 뉴욕 알바니(Albany) 주립대에서 정책학 박사를 하셨기에 정책철학과 윤리에 기초한 정책학의 이상과 도전, 탈실증주의에 기초한 정책설계론 등에 많은 업적을 남기셨다.

2) Three Horizons라고도 부른다. Horizon Model은 미래예측에서 질적 분석 도구로 제시되었지만, 계량분석에서도 함께 활용될 수 있을 것이다. 정책학자이자 미래학자였던 Molitor 교수는 정책이 Weak Signal이 어떻게 Trend(법률, 판례, 헌법)로 성숙하는지를 보여주었다. 지금 트렌드인 것은 미래에는 사라지고, 현재 Weak Signal은 미래에 트렌드의 중심으로 부각될 수 있다는 것이다. Horizon Model은 예측, 미래전략, 변화관리(Mind Change, Attitude Change, Change Management) 등에 다양하게 활용 가능하다.

3) Scenario Planning 역시 미래예측에서 질적 분석 도구로 제시되었지만, 계량분석과 함께 이용하면 정책분석의 도구로서 매우 활용성이 높을 것이다. 시나리오 기법을 분류하는 방법은 몇 가지가 있다. 통계적 시나리오, 직관적 시나리오, 질적, 탐색적, 대안적 미래 시나리오 등이다.

4) STEEP는 모든 것이 연결되어 있으므로 그 모든 것을 통합적으로 보기 위해 앞에서 언급한 Three Horizon Model에 활용할 수 있다. PEST(Politics, Economy, Social, Technology)가 처음 등장했으며, 그 뒤 STEEP, PESTLE, STEEPV, STEPPER 등으로 다양화 되었다. 그 구성 요소는 대동소이하다.

5) 이 절의 계량모형들은 졸저, 《정책분석론》, 박영사, 2019: 244－278, 『미래예측학』, 법문사, 2008: 228－312를 수정 보완것이다. 좀 더 상세한 내용과 절차, 방법론은 이들을 참조바람.

6) 통계학 교재에는 T 검정, F 검정, ANOVA 검정 등 검정(檢定)이라는 단어를 쓰

기도 한다. 여기에서는 용어의 혼란을 줄이기 위해 검증(檢證)이라는 단어로 통일하였다.

7) 본 파트에서는 회귀분석과정에서 기술통계분석을 위한 잔차분석을 중심으로 다루는 것이 목적이므로 회귀분석에 대한 파트는 다음 장에서 자세히 다루기로 한다.

8) 본 장은 김효준(2022)의 “출산 여성의 노동 이행유형 분석－집단중심추세방법을 중심으로” 논문을 기반으로 작성되었음.

9) 하나의 검사 도구(문항)를 반으로 나누고, 나누어진 두 부분을 독립된 검사로 생각하여 그 사이의 상관계수로 신뢰도를 측정하는 방법이 반분신뢰도이다. 하나의 검사를 두 부분으로 나눌 때에는 문항분석을 통해 가장 동등한 문항을 양쪽으로 분배하는 것이 원칙이다. 그러나 문항통계치를 구하는 복잡성을 피하기 위해 일반적으로 앞부분과 뒷부분으로 나누는 전후반분법, 홀수문항과 짝수문항으로 나누는 기우반분법, 난수표를 이용하여 두 부분으로 문항을 배정하는 방법, 그리고 각 문항의 내용이나 난이도 등을 주관적으로 판단하여 두 부분으로 나누는 방법 등이 사용된다.

10) 크론바하 알파계수＝{항목 개수÷(항목 개수-1)}×{1-(항목변량들의 합÷전체 측정 변량)}

11) 타당도(validity)는 측정하려는 개념을 정확하게 반영하는 측정을 기술하는 용어이다. 예를 들어, 지적능력을 측정하는 데 있어서는 지능지수가 도서관에서 보낸 시간에 비해 더 타당한 측정일 것이다. 비록 측정의 궁극적인 타당도는 결코 밝혀질 수 없지만 액면타당도, 기준타당도, 내용타당도, 구성타당도, 내적타당도 및 외적타당도 등에 기초해서 상대적인 타당도에는 합의할 수 있다(Earl R. Babbie, 2007)

12) exp는 지수함수로서 X가 한 단위 증가할 때 e^{β}만큼 증가하는 함수관계를 나타낸다. 이때 e는 자연지수(혹은 Euler상수)로서 2.718의 값을 지닌다.

13) 위 사례는 이대웅·이다솔(2020). “Analysis of influential factors of violent crimes and building a spatial cluster in South Korea” 논문의 데이터를 활용하였음.

14) 이 사례는 황지욱, 「델파이기업을 활용한 남북한 지방자체단체의 교류·협력 전망과 접경지역의 기능변화」, 2004를 토대로 요약 정리한 것이다.

15) 시나리오 기법을 분류하는 방법은 몇 가지가 있다. 통계적 시나리오, 직관적 시나리오, 질적, 탐색적, 대안적 미래 시나리오 등이다. P. Schwartz는 직관적, 질적, 탐색적, 대안적 미래 시나리오를 제시하고 있다.

16) 이 절의 정책모형의 내용은 졸저, 『정책학의 성찰』(박영사, 2021)을 수정 보완한 것이다.

17) 권기헌. (2014). 『행정학콘서트』. 박영사. p.119

18) 불확실성의 증가는 정책환경과 정책과학에 근본적인 질문을 던지고 있다. 통계적 접근의 유효기간을 점점 더 짧게 하고 있는 것이다. 지식 반감기의 단축과 통계적 결과의 유효기간의 단축은 같은 경로를 거친다. 따라서 정책학자는 과거 데이터를 통한 통계적 지식에 정통해야하면서도 동시에 미래의 불확실성을 헤쳐 나갈 직관과 통찰력 또한 필요한 것이다. Google에서 VUCA의 사용례가 극단적으로 높아지는 것도 이러한 트렌드를 방증하고 있다.

19) 제이지 나이트. (2011). 『람타(화이트 북)』. 유리타 옮김. 아이커넥.

20) 인간의 근원의식은 신의 마음(신성)과 맞닿아 있다. 인간의 근원의식에 존재하는 "나라는 존재감(I AMNESS)"는 곧 신성이다. 나라는 생생한 존재감, 그것은 신의 마음으로부터 온다. 따라서 인간은 신의 마음에 뿌리를 내린 신성한 존재다. 그리고 인간의 존엄성이란 바로 이러한 인식론에 근거를 두고 있다. 텅 비어 깨어있는 순수한 의식, 순수한 알아차림, 순수한 각성은 신성과 맞닿아 있다. 진아(眞我)인 것이다. 따라서 이 진아(眞我)에서 명령을 내린 것은 이루어진다. 창조적 권능이 있기 때문이다. 나는 할 수 있다는 생각, 온 몸과 세포를 진동으로 고양시켜 빛의 속도로 주파수를 올리는 행위가 가능해지며, 그리하여 몸 전체의 세포는 깨어있고 빛의 주파수로 고양되는 일이 가능해 진다. 낮은 주파수에서 높은 주파수로 이행(移行)하는 것이 가능해 지며, 낮은 단계에서 높은 단계의 삶으로 이동(移動)하는 것이 가능해 진다.

21) **존 롤스와 높은 단계의 플랫폼**: 존 롤스는 '무지의 베일(veil of ignorance)' '원초적 입장(original position)'이라는 창의적인 사고실험(thought experiment)을 토대로 우리에게 합당한 정의의 준칙을 제시했다. 그것은 1) 평등한 자유의 원칙, 2) 최소 수혜자 우선의 원칙과 기회균등의 원칙으로 정리된다. 매우 타당한 주장이고, 깊은 철학이라 사료된다. 존 롤스에 관해서는 졸저, 『정의로운 국가란 무엇인가』 박영사, 2012, 86−88쪽 참조바람.

존 롤스의 정의론을 본문에서 언급 안 한 것은 이 책의 주제와 다르기 때문이다. 본서의 주제는 높은 단계의 플랫폼으로서 성찰성의 필요성과 그 성찰성을 정책학 영역에서 구현하기 위한 방법론에 관한 것이다. 존 롤스의 정의론과 마이클 샌델의 정의론 중 어느 것이 더 높은 단계의 플랫폼에 합당할지에 대해서는 더 많은 논의와 지면이 필요할 것이나, 본문에서 마이클 샌델을 굳이 언급한 이유는 그가 자유, 공리를 넘어서 더 높은 차원의 미덕을 논의하고 있기 때문이다. 한편, 자유주의냐 공리주의냐 공동체주의냐(혹은 공동체적 자유주의)를 논하는 것 역시 이 책의 주제가 아니다. 다만 언급해두고 싶은 것은, 이러한 사회적 기본질서 너머에, 그 보다 한 차원 높은 곳을 지향해 나가야 한다는 것이다. 가령, 『그리스도의 편지』에 나타난 예수님의 개인윤리나 사회철학이 자유주의냐 공동체주의냐, 혹은 롤스와 샌델의 정의론 어느 쪽에 더 부합하는가를 논하는 것은 적절치 않을 것이다. 왜냐하면 그것은 관점과 차원이 다르기 때문이다. 전자는 우리 안의 더 깊은 자유, 더 깊은 존엄, 더 깊은 평등을 지적함으로써 우리들 개인과 사회의 더 높은 질서를 제시하고 있는 것이다.

22) 이 절의 내용은 졸저, 『정책학의 성찰』(박영사, 2021)을 수정 보완한 것이다.

찾아보기

저자약력

권기헌

저자는 현재 성균관대학교 행정학과 교수로 재직하고 있다. 미국 하버드대학교에서 정책학 석사 및 박사 학위를 취득했으며, 성균관대학교 대학원장을 역임했다. 제26회 행정고시 합격 및 연수원 수석으로 국무총리상을 수상하였으며(상공부 미주통상과 근무), 한국행정학회 최우수 논문상, 미국정책분석관리학회 최우수 박사학위 선정, 한국학술원 우수도서(2회), 문화관광부 우수도서 추천, 미국 국무성 Fulbright Scholarship 수상을 한 바 있다. 한국정책학회 회장, 한국수력원자력 사외이사(감사위원장), 국무총리실 정부업무평가위원 등을 통해 정부 및 사회 봉사활동을 하였다.

대중 및 청소년들의 동기부여, 자아실현, 불교철학 등에 관심이 많으며, 이와 연관하여 《가야산으로의 7일간의 초대》(교보문고 베스트셀러), 《삶의 이유를 묻는 그대에게》, 《포기하지마, 넌 최고가 될거야!》, 《포스트 코로나 이후의 삶》, 《정의로운 국가란 무엇인가》, 《대한민국 비정상의 정상화》, 《정부혁명 4.0》 등을 집필하였다.

학술과 관련하여 정책학, 전자정부론, 행정학을 전공하였다.《Policy Science》(박영사, 2022), 《Smart E-Government》(박영사, 2019), 《정책학의 지혜》(박영사, 2020), 《정책학의 향연》 《정책학의 성찰》(박영사, 2021), 《정책학 콘서트》(박영사, 2018), 《행정학 콘서트》(박영사, 2017) 등이 있다.

정책학의 심층분석 – 정책학이란 무엇인가? –

초판발행 2024년 8월 30일

지은이 권기헌
펴낸이 안종만 · 안상준

편 집 이승현
기획/마케팅 정연환
표지디자인 Benstory
제 작 고철민 · 김원표

펴낸곳 (주) 박영사
서울특별시 금천구 가산디지털2로 53, 210호(가산동, 한라시그마밸리)
등록 1959. 3. 11. 제300-1959-1호(倫)
전 화 02)733-6771
f a x 02)736-4818
e-mail pys@pybook.co.kr
homepage www.pybook.co.kr
ISBN 979-11-303-1914-8 93350

정 가 19,000원